꿈꾸는 아이가 그립습니다

꿈꾸는 아이가 그립습니다

1판 1쇄 발행   2023년 9월 20일

지은이　　　권기득
발행인　　　강신옥
펴낸곳　　　한국문인출판부
　　　　　　등록 ㅣ 2021. 7 제 2021-000235
　　　　　　02643 서울시 마포구 월드컵북로 235, 19-704
　　　　　　☎ 010-9585-7785
　　　　　　gtree313@gmail.com
　　　　　　Printed in Korea ⓒ 2023 권기득

값 13,000원

※ 잘못된 책은 바꿔 드립니다.
※ 저자와 협의하여 인지 생략합니다.

ISBN 979-11-982182-6-1

꿈꾸는 아이가 그립습니다

권기득 시집

시(詩)는 홀로 쓰는 게 아니다

"장원(壯元)!" 초등학교(국민학교) 5학년 때, 전교 조회 시간, 뜻밖에 불린 이름.

그러고도 어느새 60여 년이라는 세월, 시간이 훌쩍 지나갔다. 돌이켜보면 마음 한 곳에서는 그 기쁨을 잊지 못하면서도 한편으로는 집안의 이런저런 사유와 개인사가 겹쳐 조금은 빚을 짊어진 마음으로 학창시절을 보냈고 또 한 세월(歲月)이 흘러가게 하여 그동안 문학, 시(詩)에 대한 그리움만 홀로 마음 한쪽 켠에서 외톨이로 웅크리고 앉아 있게만 한 셈이 되고 말았으니.

그러던 어느 날, 산책길에 언뜻 눈에 들어온 '젊어서 이루지 못한 시·소설·수필가의 꿈을 이루어 드립니다.'하는 플래카드 글귀 찾아온 기회, 여기 새한국문학회의 경암문학관(景庵文學官), 시인(詩人)으로 가는 길머리, 자리를 마련해 주고 또한 시집(詩集) 발간에의 기회를 열어줌에 이는 참으로 내게 불쑥 다가온 무한하고도 은은한 축복(祝福)이라 아니할 수 없다고 본다.

이제 그 시(詩)에 대한 동경(憧憬)의 흔적과 본인 내면(內面)에 담아온 그간의 세월에 미미하게나마 녹아있던 자취들을 꺼내어 본인 최초의 시집(詩集)을 내려고 함에 설레임과 기쁨에 앞서 마주치게 되는 세인(世人)들의 평(評)에 자못 두려움 또한 감출 수 없는 건 사실이다. 그러나 이 또한 보다 높고도 넓은 길로 가는 빛이 될 거라 여기며 담담하게 받아들이기로 하고 다시금 발간(發刊)에의 용기(勇氣)를 내어본다.

초등학교(국민학교) 때 교내 백일장(白日場)에 나갈 수 있게 기회를 배려하여주신 담임 선생님, 고교 신문과 교지에 시(詩)를 게재토록 용기를 주고 이끌어 준 고교 선배(先輩)와 그 문예반 교우들. 시에 대한 그리움에 문을 두드려 찾아간 그 곳 예술대학원 문예창작과전문가과정의 교수님과 문인(文人)들, 그리고 이렇게 초간(初刊)의 지면을 만들어 주신 경암문학관(景庵文學官)의 이사장님 외 관계되는 모든 분에게 다시금 감사(感謝)의 마음을 전하고 싶다.

또한 느지막하게나마 이러한 문학(文學)에의 길로 갈 수 있도록 뒤에서 묵묵히 지켜 보아준 나의 아내와 딸내미네 가족들, 다른 가족들에게도 이 지면(紙面)을 빌어 '참 고맙습니다!'라고 감사(感謝)의 뜻, 기쁨을 함께 전하고자 한다.

　이제 비로소 문학(文學)이라는 한 줄기, 시(詩)에 대한 개념을 어렴풋이 정립(定立)하고 미력하게나마 체계화(體系化)하는 기회(機會)에 동참할 수 있음에, '늦었다고 생각할 때가 가장 빠르다.'라 하는 세간(世間)의 말에 용기를 내어 그동안 틈틈이 써 모아둔 시편(詩片)들을 모아 이렇게 본인 최초의 시집(詩集)을 낼 수 있게 되었음에 다시금 도움주신 모든 분과 차후 본 시집(詩集)을 읽어볼 독자(讀者)들에게도 감사(感謝)하다는 마음을 아낌없이 드리고 싶다.

2023. 9. 20
저자 권기득

■ 차례

시인의 말 4
권티득 시인의 문학세계…이철호 175

제1부 단풍잎 두 개

1-01 눈(雪)이 있는 그림   14
1-02 너를 바라보면   16
1-03 신발 깔창   18
1-04 가난은 죄(罪)가 아니다   20
1-05 뼈, 삶의 옹이   22
1-06 모퉁이   24
1-07 바람이 마당을 돌다   26
1-08 그렇고 그런 산마을 이야기   28
1-09 그 집 앞에서   30
1-10 푼수   32
1-11 이메일(e-mail)이 왔어요   34
1-12 뱀, 꽃뱀을 보셨나요   36
1-13 좁쌀의 항변(抗辯)   38
1-14 바람난 빨래   40
1-15 단풍잎 두 개   42

제2부 사랑은 어디서 오는 걸까

2-01 목마른 하루살이 44
2-02 팔려가는 날 46
2-03 갈라진 나의 손금 48
2-04 문을 나서며 50
2-05 병실(病室), 하얀 기다림 52
2-06 바다 건너, 그리움에 54
2-07 가슴에 그리움 하나 56
2-08 잡초(雜草) 58
2-09 눈물 60
2-10 찐 감자 한 그릇 62
2-11 이 땅의 머슴들 64
2-12 사랑은 어디서 오는 걸까 67
2-13 파리의 꿈 68
2-14 그림 하나 보여 주세요 70
2-15 남산(南山), 송충이의 변명(辨明) 72

제3부 꿈꾸는 아이가 그립습니다

3-01 행인(行人)의 노래   76
3-02 카인의 후예(後裔)   78
3-03 쭉정이 코스모스   81
3-04 너는 모를 게다   84
3-05 거짓을 위한 변명(辨明)   86
3-06 풀과 바람   88
3-07 한(恨)   90
3-08 그러면 어쩌나   92
3-09 이렇듯 푸른 날엔   94
3-10 꿈꾸는 아이가 그립습니다   96
3-11 정신과(精神科) 병동   98
3-12 탁발승(托鉢僧), 목탁소리   100
3-13 팔랑개비   102
3-14 엿, 엿 먹어라   104
3-15 아이가 열차(列車)와 부딪혔어요   106

제4부 빈 절구통 공이 하나

4-01 희망(希望)의 끄트머리 110
4-02 꽃과 이파리 112
4-03 신발, 신기생충뎐(新寄生蟲傳) 114
4-04 재활용(再活用) 센터 116
4-05 네가 있다면 118
4-06 인연(人緣), 만남은 파란 하늘 120
4-07 신도시(新都市) 가는 길 122
4-08 별 하나, 아이 하나 124
4-09 여우야, 여우야 126
4-10 구십구년(99년) 묵은 여우 128
4-11 너희가 머슴을 아느냐 130
4-12 빈 절구통 공이 하나 132
4-13 문상(問喪), 애고망우(哀顧亡友) 134
4-14 그리운 이 슬픔 136
4-15 가을 산정(山頂) 137

제5부 골목길에도 눈은 내린다

5-01 바보야　140

5-02 길　142

5-03 꿈　144

5-04 옷이 날개　146

5-05 다시 그리움에　148

5-06 바람은 아프다　150

5-07 콩과 콩깍지　152

5-08 골목길에도 눈은 내린다　154

5-09 비 오는 날, 술맛 나는 날　156

5-10 조막거울　158

5-11 구르는 돌이 박힌 돌을 빼내다　161

5-12 아침　164

5-13 꽈배기, 세상을 살피다　166

5-14 이름을 불러주세요　170

5-15 하얀 여우꼬리가 보고 싶습니다　172

제1부

단풍잎 두개

1-01 눈(雪)이 있는 그림

말라버린 땅 위에
눈(雪)을 그리고
내가 눈 속을 걸어간다

물 묻은 붓끝마다
실마리 하나 없이
퐁퐁
설움이 점점 눈 속으로 얼룩지고

잃어버린 날들의 버려진 길에
아득히 눈사람을 만들어 둘까

저만치 내려오는 저녁 어스름
오는 이 없이
기다려지는 이름 없는 얼굴

이대로 돌아갈까
개울가 눈 속 얼음은 첫사랑인 양 내려앉고

내가 눈 위를 걷는다
내가 눈 속을 탈출한다

괜스레 캔버스는
촉촉이 젖어
친구여,
돌아볼 수 없는 하얀 그리움에
눈(雪)이
나를 잃는다
내가 눈(雪)속으로 빠져든다

1-02 너를 바라보면

그래도
나는 네가 좋다

훤칠하지도
둥글하지도 아니한 얼굴로
땀방울 송송
가끔은 잊은 듯 웃는 네 모습을

때로는
담배 연기를 사랑했었지
새벽안개에
하얀 머리 가득 로댕의 생각하는 사람인 양
남산(南山)에 올라 도시(都市)를 바라보고
노을 저무는 강가에 서면
조약돌 가득 물수제비를 담아오기도 하던

내 너에게
무얼 다시 그려줄까
허수아비 홀로 남은

가을걷이 해거름 들판에서
고향집 장독대 야윈 괭이밥처럼
재 너머 바랭이골 긴 쇠비름 생명(生命)을 그려둘까

저무는 겨울 문틈으로
너를 바라본다

늘 나보다도 너를 사랑하다
발등 찍혔다고 손등으로 훔쳐주며
엉금엉금 골뱅이처럼 작은 내 여울 건너던

그 아득한 서라벌 속 네 푸른 꿈을

1-03 신발 깔창

덜커덩 텅텅
밤 깊은 야간열차(夜間列車) 무릎뼈 깎는 흔들림에
비스듬히 신발 속 깔창을 내려본다

여름 내내 밟히고도
이렇듯 차가운 겨우내 와서도
나를 떠나지 못하고 저렇게 있고나
구두 뒷솔기가 터져
영영 떨어질까
이렇듯 발꿈치에 꽁꽁 매달려 있는지도 몰라

자다 졸다
삐거덕 삐거덕
차창(車窓) 틈새의 세계화(世界化) 바람 소리에
더더욱 얇게 엎드린 깔창
빛깔도 곱지 엷은 게

텅텅
덜커덩 텅텅

들었다 놓았다
신발 속 깔창이 나를 또 쳐다본다
엷은 듯 닳아 희미해진 구두 코
기운 뒷솔기 실 자국,
열차(列車)는 좁다란 숨소리로 가득하다

어머니
어머니
색깔은 아직 곱기만 한데요

1-04 가난은 죄(罪)가 아니다

지하철 종점(終點)
늦가을 밤바람이
길가 갓돌을 치고 지나가는 버스를 바라보다
가난더러 왜 이리 서 있느냐고
옷자락 앞섶을 여며주며 묻는다

가난은 뚝뚝 떨어진다고
가난은 죄(罪)가 아니라 다만 불편할 뿐이라고 말들 하지만
어찌 가난인들 떨고 싶어 그러겠느냐마는
종종 가난은 죄(罪)가 되고 만다
백주(白晝), 새천년 꽃이 피는 이 거리에 서면

백날 그것도 하나 못하는 주제에
땡전 한 푼 없는 빈털터리,
그냥 집에 돌아가 빈 구들이나 뎁힐 일이지 라고 하기보단

쩨쩨하게 뒤로 빼지 말고 한 잔 사라
차라리 폐차(廢車)시키고 똘똘한 걸로 새로 뽑지

이런 말 한마디는 오히려 고마울 뿐이라
늘 마음은 풍요(豐饒)롭다 하면서도
새천년 인파(人波)는 짐짓 서로를 비껴간다

돌아가는 버스
저들이 저렇게 또 뛰어감은
이건 놓치면 안 돼, 그만이야
궁상(窮狀)이 종종걸음으로 뛰쳐나와
대롱대롱
늦가을 추녀 끝에 쉰 목소리로 매달린다

정말
저러다 이
가난조차 가난 들면 어쩌려고

1-05 뼈, 삶의 옹이

뼈는
땅속 깊이 가늘게 울음 울며
바다로 흘러간다

뼈는
삶이 녹아든 눈빛으로
앙상한 옛사랑이 그리워
구천(九泉)을 맴돌다 다리를 건넜다

씹을 수 없는 뼈는
발라보려 하지만
살덩이가 자꾸만 핏발에 엉기어
아드득
아드득
내내 삶의 옹이로 목구멍에 와 부딪힌다

그러다
뼈는
조각조각

얼음장 깊은 구천(九泉)에 옹이를 빠뜨리곤
가슴속 깊이
오도독
오도독
여전히 성긴 살갗만을 걸러내려 한다

1-06 모퉁이

바람이
모퉁이 저편에서
흙먼지 뚝뚝 흘리며 불어오다
동구(洞口) 밖으로 굽이쳐
빛바랜 길가 꽃잎들을 소리쳐 모은다

산 고개 넘어
굽이를 돌아오니
또 다른 신호등(信號燈)이 기다리고 있다
몹시도 바람에 흔들리고 있구나

못난 돌은 정 맞을라
어서
저 모퉁이를 돌아가야지

바람이
모퉁이로 다시
가맣게 불어오다 멈추었다

어이쿠,
빨간 신호등(信號燈)이다

1-07 바람이 마당을 돌다

삐거덕
딸그락 딸그락
바람이
정지문을 두드리다
헛간 틈새로 엎어진 바가지를 쏠며 지나간다

바람이
신작로(新作路)에 올라서니
강 언덕 저 편 너머
어둑어둑 하늘이 빈 들판에 나와
지나는 전선(電線)을 잡고 을러댄다
화톳불이
저 멀리 들녘 끝에서 끔벅거리고 있다

길 가던 아이가
옷깃을 잡고 콧물 훌쩍이며
강둑 위로 끌려간다
깃풍깃풍 흔들흔들 무게를 잡아본다

바람의 중심에는
정말
파란 눈이 잔뜩 하얀 낯빛으로 놀란 듯 눈 뜨고 있을까
하늘로 올라가다
그늘진 뒤꼍으로 그냥 나동그라지지나 않을까

바람이
문풍지를 울리다
그을음 꾀죄죄한 헛간 쇳대를
봉당 저쪽으로 내동댕이친다

황급히 울 넘어 달아난다

1-08 그렇고 그런 산마을 이야기
- 뒷간에 꽃뱀이 들어오다

싸리울 윗동머리에
솔가지로 칭칭 덧대어
듬성듬성 하늘 보게 하였더라
이것이 바로
그렇고 그런 우리네 산마을 이야기

앉아도 서 있는 것만 같고
서 있어도 앉은 듯하여
볼세라 얼른
치마끈을 여미나
이를 어쩌랴, 색시야
돌아앉았다 하더라도
그냥
안 보이는 듯 있어만 다오

그지
꽃뱀이 혀를 날름거렸다
스르르 움찔
붉은 꽃대가리 초록 꼬랑지 흔들며

기웃기웃
여기가 어디
문은 없어도 있는 것이거늘
미끄러지는 꼬랑지
가맣게 깊은 쪽빛 하늘, 서들 돌무더기 틈새

그런 날이었던가
산마을 부엌간 아궁이 속을
색시는
청솔가지 짙은 연기에 파묻혀

한사코
앞산 저녁놀만 내내 바라보곤 했다

1-09 그 집 앞에서

종소리 퍼져간 밤거리는
설레는 가슴으로 황홀하다

잃어버린 가스등
엉겨오는 경적(警笛) 아우성
오후가 아쉬운 길목에서
그걸 그린다는 건 무척 부럽다

비행기 타고 온 도시(都市)의 편지(便紙) 아래
아침이슬에 거울은 깨어지고
어느 하늘가로 검은 수건은 달려가는가

〈이오니아〉 기둥에 조각은 흘러내려
이어지는 불빛으로 해어진 문패를 읽노니
떨어져 버린 품이 겹겹이 쌓여
싸리꽃 그 집은 가물어 술렁인다

가난은 마냥 계절(季節)에 얹히는 것
산촌의 모깃불에 밤이 깊으면

수숫대는 밤노래에 머무르며
달빛 함께 구르고 싶으냐

어설픈 기억에
대리석인 네 머릴 앗아
물끄러미 되삭이며 우러르고 싶다

끊임없는 물길 따라 신(神)을 속이며
껍데기는 껍질이 좋아
밤의 귀로(歸路)는
여전히 서성이는가 보다

1-10 푼수

사람이
병(病)을 고치러 병원(病院)을 찾는다
사람이
죄(罪)를 씻는다며 경찰서(警察署)를 찾는다
한 인간(人間)이
시인(詩人)이 꿈이라며
집을 짓겠다고 고랑을 파고 있다

사람들이
병(病)을 고친다고
죄(罪)를 씻겠다고
꿈을 좇는다고
사람을 찾는다
인간(人間)들이 달아난다

집 짓는 현장(現場)에서
꿈틀꿈틀
송충이 한 마리
떨어진 솔잎 하나 찾는다며 사람을 찾고 있다

사람들이
무섭다고
징그럽다 하며
빙빙 머얼리 돌아서들 간다

한
인간(人間)이
그걸 보고는
닳아 문드러진 개코같은
구둣발로 찍 밟고 지나갔다

1-11 이메일(e-mail)이 왔어요

어제는
퀵서비스 아르바이트로 라면값 하나를 벌었지요
이제는
더 이상 깰 저금통조차 하나 없어
그저 이렇게
하루하루 버티고 있답니다

라고 이(e)메일이 왔다

지하철 순환열차(列車) 속에서
이어폰을 낀 하얀 다리의 소녀가
어제는
지오디(GOD) 최신판(最新版)을 하나 선물(膳物)로 받았지요
하며 간간이
단풍으로 물든 옆자리 신문(新聞)을 가리키며
무어라 하여도 지금은
포기를 떼어 자생력(自生力)을 키워야 할 때라면서
다시 다리를 포개어 널찍이 앉는다

열차(列車)가
놀란 듯 흙빛 통거울 속으로 급히 빨려 들어가자
사람들은 눈을 감고 숨을 죽인다
어쩌면
저들이 자생력(自生力)을 키운다며
깨어진 저금통을 앞세워 저들을 이 통속으로 끌고 왔는지도 몰라
갑자기
이(e)메일 조각이 머리칼 밖으로 꼬물꼬물 기어 나온다

여전히
역광장(驛廣場)에서는
가로등(街路燈)이 별빛 하나하나 끌어 흔들며
여기저기
엎어져 있는 무리들을 비추고 있고

1-12 뱀, 꽃뱀을 보셨나요

자꾸만
등골이 오싹거려
풀 베던 낫을 들고 가만가만 다가가보니
이런 꽃뱀 하나가
살 통통한 산개구리 아랫도리를 콱,
둘이는 마냥 엉기어 허우적거리고 있었다
참나무 가지를 잘라
네 이노옴 어딜
마침내
개구리는 어기적어기적 풀숲으로 숨어들고
뱀은 허옇게 참나무 가지에 걸리었다

풀벌레 짙은 호숫가 오솔길
아니
갈대가 호수 그림자로 내려앉는 방갈로에
자꾸만 꽃뱀 허물이 달라붙어
이걸 어째,
안되고, 되고 말고
참나무 가지는 부러지고

붉은 살덩이가 출렁
꽃뱀이 죽은 건 당치도 않고
더욱 풀숲으로 사라진 건 아니라 했다

속살이 아니라
아담과 이브의
오랜 태초(太初)의 꽃살이
참나무 속 뿌리에서 우러난 물이라 하며
둘이는 쩍쩍 엉기어 마셨단다

그러는 동안
정작 주변 풀섶 작은 돌멩이까지도
꼴깍, 침을 삼키며
내내 숨죽이고 아늑히 떨었다 했다

1-13 좁쌀의 항변(抗辯)

정녕,
좁쌀이라 했것다

그 조그마한
좁쌀보다 작은 전화기 구멍 속에 들어앉아
길바닥 풀섶에 떨어진 듯
짐짓 시치미를 딱 떼고
좁쌀 같은 소갈딱지만 흘러 보냈것다

아예
그 알량한 껍데기랑 홀랑 벗고
불기 달달한 가마솥에 누워
갈라진 방고래 틈으로
한여름 밤 하늘 속을 엿보기나 할 게지
아니면
자궁(子宮) 속 같은 아궁이를 따라
은근히 좁쌀지스러기 뿌리나 한번 찾아볼 게나

해 오른 작은 새는

좁쌀 알갱이 하나 달여 먹고도
하늘 높이 날아오르고
아랫것들은
문간방(門間房) 좁쌀 허기에 눌려
한여름 밤을
푸싯푸싯
모깃불 타는 소리 새도록 들을 게라

1-14 바람난 빨래

1

바람은
가끔 난데없이 몰아쳐
굴렁쇠가
전혀 엉뚱한 곳으로 굴러가게도 한다

2

뚝뚝
눈물 흘리면서
조금씩 풀기를 세워가는
빨래 저고리 섶을 비집고

바람이
연줄을 타고 내려온다

햇볕에
몸을 뒤척인다

젖내음에 옷고름이 팽팽하다

사람들이
바람을 따라 옷고름 바다 속을 파고든다
저마다 하얀 풍랑(風浪)을 잠재운다며 연줄을 풀고,
빨래는
팔팔(88년) 굴렁쇠 마당을 맴돌다
긴 빨랫줄에 걸리어 황급히 물러간다
연줄도
저 빨래처럼
연(緣)을 놓고 유유(悠悠)히 떠날 수만 있다면

빨래가
푸석푸석 하얗게 마르고 있는
저기 넓푸른 굴렁쇠 마당을 헤집고

바람이
한사코 또, 파고든다

1-15 단풍잎 두 개

누가 보냈을까
단풍잎 두 개
붉게 타는 잎사귀에
사연은 숨결 가까이 도는데

그렇듯
깊고도 고운 마음이
이리도 속 깊이 스밈이을까

지천(地天)으로
붉은 잎사귀는
천 갈래 만 갈래 갈라지고

꿈결에도 보이느니
푸른 하늘
바람
파도
그리고 단풍잎 두 개

제2부

사랑은

어디서

오는 걸까

2-01 목마른 하루살이

세상은
참으로
넓고도 푸른 곳이라 했던가
사립문 돌담길에서 깊고도 파란 먼 하늘을 올려본다

그들은 참 좋겠다
하루살이 천지(天池) 모르는 사립문을 사이하고
황구(黃狗)들이
복(伏)날도 잊은 듯 꼬리 치며 따르고 있을 테니

무화과(無花果) 자지러진 마을에서
둥글고도 파란 하늘을 살펴 본다

아이고
이 엠빙할 에프 킬라 같으니라고
방충망(防蟲網) 저쪽에서
하루살이가 하루는 버텨야 한다며
시멘트풀 마른 물통 속에서
엷은 날개짓으로 아우성이다

다시
그늘을 찾아 걸어본다

우리네 물통에는 썩은 물이라도 고일까
목마른 하루살이가
무화과(無花果) 파란 한반도(韓半島) 산자락 마을에서
멀고도 짧은 만남을 이야기하고

이따금
태백산(太白山) 능선을 타고 내려오는
아이 소리
바람 소리
산사(山寺)의 종루(鐘樓) 소리에 그냥 웃는다

2-02 팔려가는 날

여보, 오해하질 말으오
서리 내린 갈 벌은 햇살에 안겨
강 건너 종소리에 기도드릴테니오

여보, 이 길이 자갈이 많다고 돌아보지 말으오
코스모스 풍성한 고속도로(高速道路) 연변(沿邊)엔
갈가마귀 홰를 치며 난다오

먼 봄날이 선창(船艙)에 와 밀리고
뚝 떨어져 나간 해원(海原)의 돛배는
고향으로 당신이 지나는 길이 보고파 하오

사랑이 까무러진 들녘엔
갈대꽃 성성이며 상여(喪輿)에 줄놓오

보아, 저 달려가는 소원(所願)의 행렬(行列)들이
놀 휩싸는 재 넘어 날아가예
꺽어 오려마
들국화 한 잎 없는 화병(花瓶)은

소복 입고 나들이 간다오

아참, 지금쯤 비행기는 뜨고 있을까
유세(遊說)하러 가는 길이 아닌 하늘에야
훨훨 돈 날리며 물에 잠기는
기러기 발 담구는 고향(故鄕)으로

여보, 서러워 마오
초가 위에 구름이 가루를 뿌리며
손에 받아 물어 보오

팔려가는 날
팔려가는 날

2-03 갈라진 나의 손금

손금은
오늘도 나를 뚫어져라 쳐다본다

만나서는 기뻐 손이 손을 잡고
돌아갈 땐 손이 손을 뿌리치니
고개(嶺)를 앞에 두고
기차(汽車)는 손금을 풀어
새까만 무리 속으로 뜨거운 피를 여의고 있었다

삼팔따라질 잡고서 손은 싹싹 빌었었지
북악산(北岳山) 기와집을 그릴 때에도
풀 묻은 어무이 돈을 챙길 때에도
손은 열심히 손금을 읽으려 하였지

기도하옵나이다
아제아제 바라승아제, 아멘

돌아앉는 게 사랑만이 아니라 하여도
내 운명선(運命線)은 어디에 있더라

쓰다듬노라면 흐릿해지는 자국들
겹겹이
손금은 천천히 그 흔적을 지우려 하고 있다

가끔은
지나는 노을에 한껏 비춰본다
가슴 깊이 눈물의 끝은 볼 수 없어도
아내에게 편지(便紙)를 쓰고
아이의 그림자를 그리는

갈라진 나의 손
나의 손금들

2-04 문을 나서며

아이야,
이제 내방의 문을 닫아야 할까 보다

처음 길을 나설 때에는
푸른 하늘, 구름 둥둥
하루가 숨 돌릴 틈이 없어도
같이하는 그들, 이웃이 있어 좋았었지

그림을 걸고 마루를 닦으며
밝은 목소리로 아파하는
우리는 또 다른 이웃들임을

나의 그림자를 안고
가슴 속 깊이 다시 얼러본다

아이야,
내 너에게 무어라 해야
아니 이제
네가 나에게 무얼 찾아 주겠느냐

하얀 도화지(圖畫紙)에
푸른 산하(山河) 속 점점(點點) 마을이 있는
그런 나의 그림, 빛깔은 어느메에

바쁜 걸음인 양 종종 걸어본다
돌아볼 틈도 없이
산 너머 황혼(黃昏)에 총총 길을 나서지만

길 가다 이웃을 만나면 무얼 말해 줄까
같이 하던 그들도 떠났음에

문을 나서면
저 흔적들은 또 어디에 숨을까

2-05 병실(病室), 하얀 기다림

누군가 왔으면 좋겠다
소리 촘촘하게 가라앉은 병실(病室)에서
목발을 끌고 괜스레 문을 여닫아 본다

오늘은
그 사람이 오지 않을까
얼룩진 토방(土房)에서 홀로
망연히
사립문 밖을 살펴보고 있다

누군가 왔으면 좋겠지
그렁그렁
야윈 눈길은 창밖 세상(世上)을 살피고
여닫는 문고리에
마음을 걸어 또 세모(歲暮)를 맞이한다

세계화(世界化) 바람에 흔들리는
이 좁다란 골짜기
아내는

아이의 울음에 앓고 있는 듯
저기
저 행인(行人)들이 그냥 지나가고 있어요 한다

그날은 다시
오려나 속절없이 가는 기다림에
눈물 퐁퐁
동방(東邦)의 이 한반도(韓半島) 산자락

나는
누구를
또 무엇을 기다리는가

2-06 바다 건너, 그리움에

비행기를 타고
아득히
먼 나라 바다 위를 날아가고 싶다

푸른 파도 위를 날아
가끔은 종일토록
구름바다 위를 자근자근
멀리서
우리 땅을 그리워하고 싶다

모래바람이
사바나 소떼처럼 몰려오던
그곳 먼 나라 이야기
아이야 너는
땀 내음에 흙바람이 달아 오던
그 언덕을 알고 있느냐

술(酒) 그리운 모습으로
거울을 살피노라면

속내 없이
그림자 맞지 않는다 투정하는
눈빛은 또 어찌 그린다지

야윈 무릎이
하얗게 시려오려나
둥둥 잠자는 날엔 힘이 풀려
먼바다 건너가는 그리움에
꽁꽁
속내를 졸이고 있다

2-07 가슴에 그리움 하나

가슴에
그리움 하나 자라나면
갈잎 흔들리는 소리에 새벽은 밝아오고

가슴에
별빛 하나 고요히 키워 가면
하늘 흔들리는 소리에 눈물이 그렁그렁

사람은
홀로 저만치 가는 사람은
꽃잎 하나에
별똥별 하나에
가슴 가득 아픔을 품어 안고
망연히 또 걷기만 한다

가슴에
먼 하늘 파란 바람 소리에 늘
잔잔한 그리움으로
재 너머 빛을 향해 기도(祈禱)하는 사람은

홀로
말없이 긴 울음을 삼킨다

2-08 잡초(雜草)

잡초(雜草)는
어디서나 잘 자라
오가는 발길에 밟히기도 한다

잡초(雜草)는
홀로
꽃을 피워 열매를 맺고
다시 또 잡초(雜草)를 키운다

모진 비바람에
억세게도 잘 자란다고
사람들은 무심결에
잡초(雜草) 같은 아이라 부르기도 하지만
한때는
다들 버리는 피 이삭으로
속절없이
피죽을 끓였었다
정작
잡초(雜草)라는 이름은 잊고서

잡초(雜草)는
때때로 재 너머 비탈밭 둔덕에서도
속절없이 말라죽기도 하지만
이슬방울
흙 조각 하나에도 몰라보게 잘 자라

이내
우리네 뜨락을 무성하게 덮는다

2-09 눈물

까닭 없이
흥건히 배어나와
이내
두 뺨을 타고 주르르 흐른다

때로는
매운 계절풍(季節風)에 실려 간
그 사람이 그리워서
가끔은 더러
바다 건너 먼 파도가
자꾸만
한반도(韓半島)를 엄습하는 아리움에
그저
가슴속을 촉촉이 쓸어낼 뿐이다

못 본 듯 웃다가
파랗게 멍든 불빛으로
얼얼하게 붉은 두 뺨을 만지다
그만

울음을 터뜨린다

나를 바라보며
방울방울 글썽이는 주름진 너의 얼굴
깊은 눈동자
어찌할 수 없는 발걸음에

다시
우리는 그날의 피멍울에 갈망(渴望)하여
눈물을 훔친다, 또 그리워한다

2-10 찐 감자 한 그릇

오랜만에
바깥 보고 오는 길에 가게를 들렀더니
오늘은
소담스레
찐 감자 한 그릇 내어온다
이런 행인(行人)이 무슨 도움이 되겠느냐고
웃으면서 감자를 집었더니

저 멀리 고향땅
산자락 비탈밭 감자꽃이
오뉴월 산빛으로
소리소리 손을 흔들며 달려온다
숨소리도 가쁘게
옷섶을 여미며 수줍어한다

아버지,
여기엔 아직도
주먹만한 감자가 있는데요
아니다, 그만 두려무나

이삭 줍는 이들도 가질 게 있어야지

보얗게 익은 감자
살며시
하나하나 꺼풀을 벗겨가니

다시 또
한가득 그리움으로 다가왔다

2-11 이 땅의 머슴들

이 땅의 머슴들
모두는 아마,
가슴멍울까지 까만 사람일 게다
적어도 이 한반도(韓半島) 산자락 마을에서는

지게를 끌고 나오다
지게에 눌려 나동그라지는 머슴에게
새경으로
얼마를 갖다 바치는데 그러냐고
아랫마을 머슴이 하늘 표정을 살피는 듯 묻는다

사원(社員)들이 열심히 적고 있다
이렇게 하늘 푸른 날에는
무어라 하여도 볼거리가 불티나게 있어야 한다며
치어걸의 스커트가 바람 풍(風)에 휘날리자
뒷줄 다른 한쪽에서
그건 서로가 조정(調停)해서 잘 쥐어짜라는 뜻이라며
조정(調整)이 잘 되거든
여의도 늘푸른 주유소에 들러

기름 대신 카드라도 찍어주는 게 좋을 거라 일러준다

날마다
신문들이
텔레비전이
살아남는 길은 오직 서로가 조정(調整)하는 것뿐이라며
조정, 조정(調整)하며 혀를 길게 빼어 물자
맞아, 모두 조정(朝廷)이 잘해야 살아갈 수 있을 게야
지하철역 입구에서 리포터가 놀란 듯 웅얼거린다

참, 고맙기도 하여라
어찌 그런 생각을

어디 이 세상에
왕후장상(王侯將相)이 따로 있다 하더냐
태어날 때부터 어찌 그런 피가 있을 수 있느냐고
한때 그 나라에서는
민본(民本) 우선이라는 이름으로 머슴들이 일어나기도
했다 일러준다

정말 얼떨떨하여
이봐라
아무도 없는 거요 거기에
간덩이에 기를 쓰고, 기(氣)를 넣어보려 애쓰지만
핏줄조차 꿈쩍도 않는다
참 당혹하여
밤새
입만 허옇게 태웠더니
두 눈을 끌어당기며
요새는
그런 누런 봉투쪼가리 부끄럽게 내밀 거 없이
온라인 자동화(自動化)가 되었으니
숨은 주머니도 다 뒤집어 보라 다그친다

주머니가 숨다니
우리들이 무슨 마이더스의 후예(後裔)인가
민주주의(民主主義)가 시퍼렇게 살아있는 이 땅 우에서
바람 부는 가을날
이 갈대처럼 흔들리는 머슴이여!

2-12 사랑은 어디서 오는 걸까

사랑은 어디서 오는 걸까

겨울바람에 강(江)은 얼어도
강물은 쉬임없이 바다로 가는데

북극해 아이슬란드의 간헐천(間歇泉)처럼
뜨겁고도 힘찬 소망(所望)이 넘침에서인가
지구 속 깊은 세월(歲月)의 아픔에서인가

달은 보름달로서 꿈의 공주님이듯
사랑은 사랑함으로써 이름이 없어라

문풍지 이야기에 겨울나무는 부르는데

사랑은 어디로 날아가는 걸까

2-13 파리의 꿈

쇠파리 한 마리
하루살이 성화(成火)에 씻김굿 하듯
앵앵 우리 속을 휘젓고 있는 한여름 늦은 오후

순대국물 한 깡통 받아들고
돼지들의
밥통 밟는 소리에 혼쭐 빠지게 흔들리는
개코같은 돼지우리 옆 닭장 속에
버둥거리는 떡개구리 한 마리 던져 넣자
수세미처럼 쫄아 붙은 닭들이
우르르
너나없이 또 피터지게 쪼아댄다

코 큰 돼지들은
하늘 향해
게거품을 뿜어대며
밥통을 밀고 또 걷어차고
벼슬 붙은 닭들은
주렴(珠簾)을 둘러놓곤

모가질 비틀어 우리 속을 훔쳐본다

여전히
언제
퍼질나게 모실런가
쇠파리 한 마리
은근히
우리 속을 앵앵거리는 한여름 오후

저걸 그냥……

2-14 그림 하나 보여 주세요

여기
빌딩숲 운해(雲海)에 떠밀려
담배 한 대 빼어 문
내게

그림 하나 보여 주세요

푸른 은하수(銀河水)에
조그마한 별들의 아우성이
송골송골 떨어지고
여름이 가고
겨울이 와도
사립문 열린 뜨락에
닭들이 모이 쫓다 멈칫거리는

가끔은
그런 글이 있는 그림 하나를
그런 별이 담긴 그림 하나를

주고도 잊은 듯이
그렇게

어머니,
저기 저
붉은 해가
아득히 빈 하늘 밖 은하수(銀河水) 속으로
가맣게 떠나가려 하고 있어요

자꾸만
자꾸만요

2-15 남산(南山), 송충이의 변명(辨明)

남산(南山) 저쪽자락,
송충이 한 마리 솔잎 하나 베어 물고
멀리
광화문(光化門) 용마루를 바라보다
부르르 몸을 턴다

송충이는
어찌
솔잎만 먹고 살아야 하는가
산허리 사이로
후두두
아카시아 꽃바람이 휘돌아 몰아친다

너나없이
삼각산(三角山) 머릿돌 위를 올라가다
문득
환히 웃음을 터뜨리는 건
아카시아 꽃향기에 빠져든 탓이려니

여기저기
솔잎혹파리 떼 등쌀에
남산(南山) 소나무 그루터기는
오늘도
붉은 거품을 비닐봉지 속으로 토해내고

정녕, 송충이는
솔잎만 먹어야 하는 걸까

유리창 너머 저 멀리
아카시아 꽃잎 새하얀 남산(南山) 비탈길을 따라
송충이 한 마리
어느새 아카시아 향기 속에 몸을 묻는다

제3부

꿈꾸는
엄마가
그립습니다

3-01 행인(行人)의 노래

어느 하늘엔가
생명(生命)은 땅으로 오고
오랜 소망(所望)의 초옥(草屋)은
돌아서매
회오리바람 가득 바람이 일건가

그대 마음에 아끼는
생명(生命)을 마주 보며
가끔은 꿈이 노래하는 휘파람을 불지라

오가는 바람에 가을은 지는가
봄은 눈 언덕 넘어 홀연(忽然)히 떠나가니
마음이 부질없이 울음 울 때면
종일 산 위에 올라
잃어버린 마을 찾아 다시 노래할지라

가슴에는
가슴 가득 사랑을 묻고
우리는 또다시 그대를 따르려니

도시(都市)의 껍질을 벗으면
표연(漂然)히 떠나는
발자국 소리
행인(行人)의 노래소리

삶은 한번 피는 땅 위의 꽃

그대 안타까운 소망(所望)이여
우리네 가슴에
사랑을 가득 주고 갈려나
훨훨 노래 하나 남길거나

3-02 카인의 후예(後裔)

1
따라와

힘센 아이가
전(錢)소리 아이를 을러
풀죽은 아이를 몰고 간다

씻어와

힘없는 아이가
둥둥 얼음살 떠도는 물웅덩이 속에서
까만 고무신을 씻어
날 저무는 판자울 골목에 서면
힘있는 아이가
목도 없는 목말을 타고 가다 돌아본다

으어-ㅇ여기
전(錢)소리 아이는
꼬깃꼬깃

유과(油菓)를 두 손 가득 밀어 넣고
힘도
전(錢)도 없는 아이는
판자울에 기대어
닭똥 같은 눈물만 삼키고 있다

그래
우리 모두는
아담의 자식이고
카인의 후예(後裔)이지
대청 거울 바닥을 뒤집어 봐
힘도
전(錢)도 없는 아이가 싱긋 돌아본다

2

청운동(靑雲洞),
청운동(靑雲洞) 가요
탕탕 오라이-ㅅ

그날도 은빛 버스는
세종로 일번지(一番地)를 탕탕치며 지나갔지
힘도
전(錢)도 없는 아이는 저만치 떼어놓고

3-03 쭉정이 코스모스

시월(十月) 상달, 늦가을
산자락 골바람이
가슴 시리도록 몹시 차갑고나

깊고도 파란 하늘 향해
단풍이 산발하며 떠나는 언덕에서
남은 풀들이
꽃 떠난 코스모스를 반기고 있다

쓰르렁
쓰르렁
일 나간 엄마를 기다리는 울음인가
코스모스는 종일
속절없이 코를 훌쩍이고 있으니

가을바람이
멀리 설산(雪山)의 골바람으로 몰아치니
코스모스는 하염없이
야윈 빈 가슴을 또 쓸어내는구나

여기는 우리나라
한겨레 언덕배기

코스모스 너는
어디서나 잘 자란다지
한반도(韓半島) 허리끈이
네 가지를 졸라 매어놓고는
구절초 이웃들과
듬성듬성 미소(微笑)로 언덕을 그렸고나

고향(故鄕)은 어디라 하였지
떠도는 소문(所聞)에
바다 건너
홀로 떼밀려 왔다는데

그리움이 다시
갈갈이 이파리에 스미는가
구절초 속마디를 말리면서
코스모스 빈 줄기 또한

홀로 가을 햇볕을 쬐고 있다

그러다
동지섣달이 오면
허연 쭉정이 배를 드러내놓고
기다랗게 언덕에 누우리라

골바람에
까만 씨앗은 바람날개에 올려 놓고
홀로 꿈꾸듯 누워 있으리
길게
그렇게 또 기다랗게

3-04 너는 모를 게다

너는 모를 게다
아니, 알아도 모른 척 하겠지
그늘진 이 산구릉의 나날을

그래, 너는 모른다 할 게다
아니 알면서도 못 들은 척 하겠지
산등성에 올라
별 쏟아질까 졸이는 이 마음을

나도 모른 척 하리라
여기 이 세상 모든 것을
너의 속마음 그 감춰진 웃음 속을

하얀 눈이 깔린
골목길 새벽
마실 나온 강아지 한 마리
졸졸
꼬리 치며 아는 체를 한다
반가워한다

깡충깡충
이 세상에

3-05 거짓을 위한 변명(辨明)

사람들은
가끔
거짓말에 빠져든다
키가 자라 고개를 들고
눈물을 흘릴 줄 알 때부터

아니야
내 뭐라고 하였는데
이렇게 시작하여
그러는 게 좋겠지 참 좋은 생각이야,
그렇게 또
거짓의 살을 찌우곤 한다

더러
한줌의 쌀이 아쉽기도
때로는
쌀보다 눈물이 앞을 가려
문간방 얼음장 같은 구들목에 몸을 누이기도 했다지만
사람들은

어느새
산속 계곡물을 막아놓고
자릿세라는 이름으로 콧물까지 퍼 나르며
생고기를 굽기도 한다
저쪽이 하기에 우리도 어쩔 수 없어
이쪽은 저쪽이라 하면서 누런 이를 드러내면
세상 사람들은
누군가를 믿고 또 따라간다

그래서인가
거짓말은
오늘도 보란 듯이
제 명찰을 들먹이며 거리를 훌훌 쓸고 다닌다

3-06 풀과 바람

풀은
눈속에서
달빛 그림자를 서서히 거두려다
먼 구름 발꿈치 소리에
오금을 바르르 떨었다

높새바람의 서슬에
풀은
고름마디를 물고 떨리는 목소리로
바람의 매서움에 꽁꽁 앓았다

풀은
땅속 깊이 뿌리 내린 풀은
철따라 부는 바람에
훨훨 자신을 태워 파랗게 돋아났다
끝없는 부드러움으로 우리네 가슴을 살찌웠다

마침내
개발지구(開發地區) 풀들이

먼 하늘 천둥소리에 두 손을 곱게 모아
머리를 풀고 강변에 섰다
머리칼 파랗게 휘날리며
저마다의 옷으로 하늘 향해 모였다

하나
둘
셋

3-07 한(恨)

아이야,
그렁그렁 두 눈 가득 설움이 고이면
저 푸른 하늘은 어찌 보랴
피멍울에 가슴을 치고
눈물 펑펑 쏟아부어
천지(天池)의 물이 넘치면은
이를 어찌
어찌 헤아리라고 할까

마음에
아픔이 꼬물꼬물 자라나면
저 깊은 산굽이는 온통 먹구름이라
홑껍데기 흰 적삼이 핏빛으로 물들어
샛바람에 온종일 앓아 우나니
윤사월 보릿대는 정말 피멍이다
그걸 어찌하랴,
아이야
하늘이 네게 어쩌라 하더냐

말이 없고
웃음도 없어
세상은 너를 버렸다 한다
네가 사람을 물리쳤다 한다더라
그렁그렁 맺히는 피눈물이
까칠까칠
살갗을 트게 하는 얼음장이구나
참으로 꽁꽁 가슴을 묶는구나

하 하하하
허 흐흐흐
참 쯧쯧쯧

3-08 그러면 어쩌나

그렇게
길 가다 다치면 어쩌나
저렇게
올리다 무너지면 어쩌나
이렇게
만나다 부딪히면 또?

땅이 그때처럼
쩌억, 갈라지기라도 하면은
하늘이 뚫어져
와락, 별이라도 쏟아지면
파도가 심술나
울컥, 해를 삼켜버린다면

참말로
이젠 그가 미워졌다고
하늘 가는 다리에 이름만 남았다고
아니 초병이
총 뺏기고 무릎마저 깨어진다면,

지나는 바람에 풀들이 눕는다
옷을 뒤집으니 빈 가슴이 웃는다
고랑을 파면서 땅 꺼진다 한숨이다

가슴 아프다며 꽃을 꺾었다
가지를 자르고
열매를 짓이긴다

웃는다
아파한다

정말,
그리되면 어쩌나!

3-09 이렇듯 푸른 날엔

아이야,
하늘이 저렇듯 깊고 푸른 날엔
누군가를
가슴 저리도록
눈물 시리게 그리워하고 싶다

저기 저
푸른 하늘 속 깊이 떠가는 반달은
너무도 하얀 벅찬 그리움이다

노을이
바람을 불러
가슴 치며 동구 밖 저 들판으로
한사코
나를 저 석양 붉은 빛으로 숨어라 한다,

아이야,
마냥 그렇게 들판을 지나
한반도(韓半島) 푸른 산줄기를 따라 올라가면

천지(天池)의 꿈이 나타날까
내일은
북녘 해거름에 노래 가득 불러줄런가

이렇듯
맑고 푸른 날엔
끝없는 외로움의 사랑을 앓고 싶다

아이야!

3-10 꿈꾸는 아이가 그립습니다

꿈꾸는 아이들은
동화 속 여우와도 함께
파란 눈사람을 만들어 놓곤
잠이 듭니다
내일은 어린 왕자를 만날까
두 손 가득 눈물 반짝이며,
그 사이 어른들은
불을 밝히고
라면도 모자라 소주병을 엎질러가며
여기저기 신문지(新聞紙)를 찢어놓습니다
책상이 밥상이 되고
사무실이 회식장(會食場)이 되어
때론
회사가 여론몰이 광장(廣場)이 되기도 합니다만

겨울이 오면
그 시절
눈사람 아이들이 보고 싶어집니다
삼년고개 마루턱에서

한 번 더 구르며 꿈을 더하던 그
마을 뒷산 허리를 밟고
고속도로(高速道路)가 내달은 산등성이를 따라
긴 꼬리 여우도 떠났습니다
노루, 토끼들이 남긴 하얀 쪽지를 보고

눈안개 자욱한 골짜기
바람 한 점 없는 겨울 고속도로엔
올해도
지피에스(GPS) 안테나만 가득하고
뒷산 삼년고개 그 가장자리에조차

그때 그
파란 눈사람 하나 보이질 않습니다

3-11 정신과(精神科) 병동

사람들은
이따금
서로 다른 아픔에 울음을 앓기도 한다
이 병동(病棟)에 들어오면은

어둠이
저마다의 빛깔로 웅크린 병상(病床)에서
바람이
하얀 그림자로 와 사람의 동네를 물어본다

히히히
저-기요
저 언덕에서 자꾸만 파도소리가
풍선(風扇) 부딪치는 소리가 들려요

기다림에
어머니의 풍선(風扇)은
병동(病棟)을 떠나려 하지만
바람이

번번이 창살에 사금파리로 와 그림자에 부딪힌다

풍선(風扇)이 날아간다

어머니,
저기 저 병동(病棟)의 풍선(風扇)소리가
다시 또 파도를 부르고 있어요
아득히
밤바다로 날아가려 하고 있어요

3-12 탁발승(托鉢僧), 목탁소리

낙엽이
바람난 하늘을 피해 창가로 날아든 오후
목탁소리
광화문(光化門) 뜰에 와 보시(布施)를 설파한다

빈 배는 채워야 선(禪)을 베풀고
입어야 도(道)가 사는 세상이런가
중생구제(衆生救濟)를 위한
실낱같은 보시(布施)의 고행(苦行)길을
산문(山門)앞 행인(行人)에게 묻는다

개들이 짖는다
짖는 개들이야 짖는 거라지만
하늘에 비친 탁발승(托鉢僧)의 그림자
물은 왜
산을 내려와
목탁(木鐸)소리에, 바랑의 무게에 목을 씻는가

북악산(北岳山),

골물이 자지러지는 청계(淸溪)다리를
후두두
탁발승(托鉢僧)이 목탁을 을러메고 껑충 건너고 있다

3-13 팔랑개비

저잣거리의 한 바람에 실려
일주문(一柱門) 지붕으로 올라간
큰스님이 갓을 벗어 흔들며
팔랑개비가
돌고 싶어 도느냐고
중생(衆生)을 향해 법문(法門)을 일갈(一喝)하였다

바람이 있어
팔랑개비는
더욱
둥글게 돌아 황홀해하고

때마침
한 줄기 큰 산바람이
세찬 콧물 소리로
저잣거리에 엎어져 소리하는구나

그예
팔랑개비도

기꺼운 몸짓으로
한껏 또
날개를 돌리고 보는구나

3-14 엿, 엿 먹어라

엿 먹어라, 애야!

시험을 앞두고
머리를 싸매고 있는 아이에게
여기저기서
이 사람 저 사람들이
봉지 봉지에 엿을 보내왔다
엿 먹으란다

엿을 더 이상 붙일 곳이 없어
아니,
엿 붙일 곳이 너무 많아 문살을 바라보다
아예 꾸역꾸역 엿을 털어 넣고
시간 내내 엿 같은 시험을 치렀다 했다

오늘 어른들이 그 엿을 만나
심심하던 차에 반갑다고
씹을 만한 게 엿만 하겠느냐 하며
어른들이 아이들의 엿을 깨물었다

씹고 또 씹었다

세상일이 엿인가
엿처럼 늘어지기도 하는 세상,
자꾸만
엿이 땅긴다, 엿 먹어라 꼬드긴다

그래
엿, 엿 좀 그만 먹거라!

3-15 아이가 열차(列車)와 부딪혔어요

생일날 어린 초등생(初等生) 아이가
짝꿍 따라 철길을 건너다
그만
교외선(郊外線) 열차(列車)에 부딪혔어요
그날은 휴일(休日)이었어요

이웃집 꼬마가
시름시름 콧물을 훌쩍이다
한겨울 하얀 낯빛으로 떠나갔어요
눈을 비비며 죽기 싫다 했지요
여섯 살이었어요

소꿉동무 은실이가
배가 부어 죽던 날
걔네 집 개와 나는
언덕길에서 큰소리로 싸웠어요

아무도
울지 않았어요

죽는 게 뭐냐고 말하지도 않았어요

짙푸른 가을 하늘
고속인터넷 창문(窓門)을 열어놓자
머리칼 하얗게 헝클어놓는 바람
언뜻
꼬마네 아버지도
은실이 어머니도
이제는 만날 볼 수 없을 거라 흘렸고

멀리 고향마을 다랑논
샘골 물 흘러가는 소리에
아이는 혼자
눈물 샘 속 깊이에 가라앉아 있었어요

제4부

빈 절구통
공이 하나

4-01 희망(希望)의 끄트머리

막상
문을 나서니 발이 너무 무거워
그냥 가다가
뒤돌아 오고 말았다

기다림도
올 이도 없어
그만
아득한 저 하늘 속 어지러움에
창문(窓門)을 닫았다

내가
너를 위하여
하늘별을 꿰어 올까
홀로
산마루에 올라 한껏 두 손을 비비며

세상에 가장
지치게도 무거운 게 뭐냐고

저 깊은 파란 겨울 하늘 속을 올려보니
어지러워
정말
털썩 주저앉고만 싶구나

아침에
기차를
버스를 타고 갔다
저녁 늦게 잠자리에 돌아오니
내일은 그리움에 또
방울방울
귓전 가득 바람 소리를 심는구나

길이 꽁꽁 얼었다고
가슴 시리도록 눈이 펑펑 내릴 거라며

4-02 꽃과 이파리

이파리도 없이
너를 기다리다
꽃잎 속망울을 만났다

노랗게
타는 그리움에
파란 바람이 그만 이파리를 놓쳤나

네가 온다기에
산하(山河)는
온통 봄비 소리로 가득하고

아롱아롱
꽃이파리 날리는 뜨락에서
또 다른 지새움으로
해마다
큰 네 푸르름을 기다리며
붉게 타는 먼 산을 그려본다

파란 하늘이
어느새
내 머리에 하얀 꽃을 피웠다
그새 너는 또
이파리를 기다리는
또 다른 꽃잎으로 잔잔히 웃는구나

4-03 신발, 신기생충뎐(新寄生蟲傳)

늘
그러하듯
오늘도
신발은 발을 태우고 등청(登廳) 길을 나선다

신발은
발의 무거움이 버거운가
갑자기
섬돌 앞에 멈춰 서 어쩔 줄 몰라 한다

신발이
발을 안고
불꽃이 펄펄 끓는
시뻘건 쇠뚜껑 위에 올라가 울부짖는다
네 이놈, 하늘을 어찌 보고 있느냐
신발을 벗기고 매우 쳐라
이에
발이 허옇게 이빨을 드러내고는
쇠뚜껑에 바짝 달라붙었다

꽁꽁 얼어붙은 강(江)가에 서서
발이
해어진 신발을 짓이기니
신발 틈으로
발가락이 삐죽
부르르 사지(四肢)를 떤다

그래서인가
오늘도
신발은 섬돌 바닥에 넙죽 엎어져
기꺼이
발밑 토사(吐瀉)까지 쭉쭉 핥고 있다

4-04 재활용(再活用) 센터

거기
도시(都市)의 발길이 멈추는 곳에
얼기설기
폐자재로 둘러막은 재활용센터 하나 있었다

마을을 등질 때에
버림직한 장롱 책상들이
닷컴 대박꿈이 한바탕 지나간 듯
너덜해진 컴퓨터가
풀기 잃은 바지들, 신발들과 함께 앉아 있고
흐릿하게
형광등 불빛의 저쪽 구석에는
난파선의 아이들이 무인도에서
패가 나뉘어져 싸웠다는
윌리엄 골딩의「파리대왕」도 나와 있었다

한반도(韓半島)의 심장은
여전히
두 손 모아 펌프질하고 있다 하던가

기적소리 간간이 파고드는
이슥한 서울역 대합실엔
오늘도
핏기 잃은 폐비닐 더미들이
바람든 봉지마냥 여기저기 모여 있고
병원 저쪽 응급실 유리창 너머로는
까만 재활용 휘장들이
희뿌옇게 번들번들 비치고 있는

바람이 불고
시나브로 살얼음이 조금씩 얼어붙는
거기
재활용센터 가는 길에
고별떨이 백화점 전단지 하나
홀로 기다랗게
도시(都市)의 저녁 햇살을 따라가고 있었다

4-05 네가 있다면

너는 어쩌다
나를 만났을까
이 천지(天地)간에

나는 어이
너를 또 그리워하는 걸까
이 넓은 세상(世上)에서

듣기만 하여도
볼 수만 있어도
종일
그리움에
골짜기 누옥(陋屋)은 따스해지고

너의 모습이
목화꽃 다래솜 같아
너는 나를 바라보고
나는 너를 불러보다
간밤 무서리에

뒷산 갈잎이 떠나지 못해
엉엉
밤새 문밖에서 부엉이로 울었다

동짓달 저문 골바람에
저녁달이 서산(西山)에 걸려
더욱 그리운 너의 모습
너의 숨소리

또 다른 나의 노래
영원히 하늘까지 닿을까

4-06 인연(人緣), 만남은 파란 하늘

길을 가다
이웃을 만나면
우리들은
잊은 듯 가끔 빈 인사를 건네기도 한다

머리칼 너머 해거름이
그렇듯 창가에 노을을 내려놓을 때면
이따금
하얀 손끝이 흔들리기도 하느냐고,

어디선가
아련하게 먼
산사(山寺)의 풍경(風磬)소리 하나
스타게이지 꽃향기로
오던 발걸음을 세우고는 하늘 향해 묻는다

참, 인연(人緣)은 어디서 오는 걸까
영겁(永劫)의 수레바퀴
그 흔적과 그림자, 그리고 은(銀)빛 잔잔한 이야기들

또다시 밀려오는
가없이 푸른 저 하늘 끝 하얀 구름
종종 종
가는 걸음을 세우고
고향집 뒤안 부용화(芙蓉花) 꽃잎들이
내게 가까이 와 웃는다

인연(因緣)은,
만남은 그립고도 파란 이의 하늘이라고

4-07 신도시(新都市) 가는 길

이전을 앞두고
가자는 사람과
가서 뭘 하겠느냐는 사람이
책상을 사이하고
제각기
손을 가리며 동그라미 그림을 그렸습니다

짐을 싸다가
바람 부는 하늘 쪽을 보는 이도
차량의 뒤꽁무니에 붙어
짐의 한 모퉁이를 잡는 이도 있었습니다만

이웃을 바라보며
하얀 바람벽을 뒤로하고
윤동주의 '서시(序詩)'를 읽었습니다
서정주의 '자화상(自畵像)'도 떠올렸습니다

신도시(新都市) 가는 길
문득,

묵은 책갈피를 넘기다
어머니 음성을 들었습니다
이따금
얼굴 가득히
서산(西山)의 긴 그림자를 둘러보시던

이른 아침
사무실 문 앞에 붙어 있는
보안업체 노란 쪽지 하나
밤새 달려온 듯 눈빛이 촉촉이 젖어있었고

삐죽이 열린 창문 틈
바람은
신도시(新都市) 그림을 꼭 알고 싶었던가 봅니다

4-08 별 하나, 아이 하나

별을 따 달라 졸랐다

별이 떨어졌다고
그 떨어진 별 이야기를 들려달라고
아이는
엄마 치맛자락에 매달렸다

별똥별 하나가
또 아주 빠르게
서산(西山) 너머 별빛 바닷속으로 떨어졌다

저 별은 어디로 가는 건가요
아이는
다시 엄마의 가슴에 얼굴을 파묻었다
이 가슴 속 포근함처럼
모두 저 하늘 속 별이 되는 거란다
엄마는 눈물을 글썽이었다

갑자기

먼지 한 가득
신작로에 회오리 바람이 일어났다
한껏 산발하며 소리치는 포플라나무

별똥별 가루가
아이가 매달린 엄마
저 멀리 나무 등 뒤로 잔잔히 흩어지고 있었다

'

4-09 여우야, 여우야

여우야,
여우야, 뭐 하니

광복절(光復節) 오후
남산(南山) 돌계단을 따라
북악산(北岳山)이
여우 그림자를 안고 올라오고 있었습니다

여우야,
여우야, 뭐 하러 왔니

여우가
태극(太極) 쟁반에 누렁개 한 마리 받쳐 들고
남산(南山) 팔각정으로 내달았습니다

사람들이
누렁개 헛소리에 배가 아프다며
시청(市廳)앞 광장(廣場)으로 몰려나와 박수를 치는 사이
여우가

멀티비전에 환호하는 구경꾼 틈새를 비집고
분수대(噴水臺) 중심에 깃발을 꽂았습니다

비더렛즈(Be the Reds), 플라잉투더스카이(Flying To the Sky)!

노을이
태극무늬 티셔츠를 흔들자
남산(南山) 팔각정(八角亭) 뜨락 가득
다시 사람들이 모여들었습니다.

여우야,
여우야, 뭐 하러 왔니

나!
너, 너 잡으러 왔다!

4-10 구십구년(99년) 묵은 여우

여우가
처음 이 세상에 내려오던 날
사무실은
황사(黃砂) 바람에
몹시도
창문이 흔들렸습니다

길을 가다
자칫
말꼬리가 발에 걸리는 날이면
여우꼬리는 눈꼬리 되어 도리질하였고
때로
핏물 가득
소주잔이 눈과 함께 묻히는 날에는
먼 동화 속 전설(傳說)처럼
작은 여우 고개 이야기를 들려주기도 하였습니다
어릴 적
마을 뒷산 산토끼 덫을 뒤로하고
주춤주춤

저녁놀 속으로 헤어진 그 여우처럼,

어쩐 일인지
그런 여우가
오늘은
찬바람 부는 꼬리를 곱게 올리고
바람 부는 서울역(驛) 인터넷 광장에 나와
모나리자 그림을 댓글에 띄우고 있습니다

어릴 적
먼 여울 소리가
창틈으로
자꾸만
여우비가 되어 달려오는 날이었습니다

4-11 너희가 머슴을 아느냐

저잣거리 길목에 서서
한 머슴이
공중(空中)을 향해 연기(煙氣)를 길게 내뿜었다

머슴론에 불이 붙었다

정말, 보이기나 할 건가
꼭두새벽부터
온통
하루해가 등허리에 축축 눌어붙는
그 머슴의 날들이

그냥저냥
굴러가는 머슴의 새경(私耕) 바퀴라면
날 선 마름의 곰방대에
하늘은
잿빛 가득 둘러싸인 또 다른 하루임을

머슴이란

한 마디에 말꼬리가 잡혔다

정녕
눈시울 깊이 삶의 의미(意味)를 지피다
저 깊은 창공(蒼空)에 묻히는 발자국인가
뒤따라 저어오는
달그림자 속
하얀 영혼(靈魂)이 담긴 머슴의 돛 배 하나

4-12 빈 절구통 공이 하나

산비탈,
마루턱 토방 모퉁이
빈 절구통 공이 하나
사립문 너머 저기
뭉게구름 떠가는 하늘을 쫓아가다
논두렁에 굴러 웅덩이로 떨어진다

들끓는 소용돌이
숨죽인 박수소리
가지런히
등 굽은 인연(人緣)의 가지를 잘게 썰어
절구통 공이는
종일
보리깜부기 더께를 긁고 있다

부엉이 울음
앞산 먼 산등성이 달빛 흔들어대는 밤
좁다란
골바람 한줄기

다랑이 논둑길을 돌아
논배미 갈라놓는 웃음소리

다시 또
땅을 울리는 공이 하나
빈 절구통,
산마루 까만 달그림자
정지간 신발 끄는 소리

4-13 문상(問喪), 애고망우(哀顧亡友)

빈소에는
촛불만이 하얗게 타고 있었다

일마다 기꺼운 미소(微笑)로 다니곤 하였지만
그의 죽음이
정승집의
그런 개 주검이 아니라고
알만한 이들조차 주춤주춤 얼굴을 감추었다

사는 동안 덕(德)을 쌓고 베풀었노라
떠날 때엔 훌훌
세상 인연(因緣)의 끈조차 놓고 가는 것이라 하였지만
눈물샘을 닫고
곰곰이
세인(世人)들의 난장(亂場) 소리에 끌려가본다

구름이
도도히 흘러온 한강 속 사연(事緣)을 깨닫고 싶었던가
남한산성(南漢山城)을

북한산성(北漢山城)을 올라
이따금씩
또 비를 쏟아 붓는다, 아니 장마철이라고

여름 시내를 건너는 아이들에겐
징검다리가
동심(童心)을 밝히는 촛불이리라
배운대로 화상(畵像)을 만나듯 광장(廣場)에 나와
저마다 촛대에 향불을 피워
콘크리트 제단 위에 숯덩이를 쌓는다, 한강 청계천!

그렇게 떠나갔다, 그는
한줌 재가 되어,
저 한강(漢江) 속 물의 흐름을 이미 알기나 하였는지

4-14 그리운 이 슬픔

땅을 치며
휴전선(休戰線) 철조망 속을 흐르는 슬픔도
때로는
손에 잡히기도 하겠지만
소리 잃고 말라버린 이 그리움은

고향집 앞산 자락에 쌓인 눈송이
하늘 부신 듯
이따금 새하얗게 빛나고
처마 줄 따라 흔들리는 하얀 빨래
살맞은 그림자 되어 옹이로 다가서네

그냥
슬픔일거라면
기다림 속에 묻혀 사는 울음이라 하겠거니,
산 너머 멀어지는 가을날 저녁노을처럼
개울 따라
올라오는 빈 그림자
잡을 수 없이 그리운 이 슬픔

4-15 가을 산정(山頂)

높은 하늘 한껏 올라
휘파람 부니
어디선가 가을빛 노루 한 마리

고운 햇살 늦도라지 점점 자주꽃
간지럽다 얼굴 가득
저만치 서면

들국화 노란 환호 하이얀 행렬
그만 갈까 돌아서니
보오얀 얼굴

제5부

골목길에도

눈은

내린다

5-01 바보야

눈이 내린다
바보야
오늘은 함박눈이 이렇듯 펑펑 내린다
바보같이
하늘을 버리고
한반도 이 바람골 자락 끝에

삶은
얼굴이라 했더냐
아니
우리네의 매운 바람의 골짜기인 걸
바보야
네가 부르면 나는 듣고
내가 부르면 너는 닫고
울지도
아파하지도 않을 거란다

바보야 어제는
겨울 삭풍이

한강대교(漢江大橋)를 건너오다 종일 떨었단다

어찌
또 우리가 이 매운 계절을 노래하랴
다만
속 깊이 웃음 웃어 줄 뿐이라 하며

5-02 길

때때로
우리네 길은
함께 가는 동안
갈기갈기 가슴을 풀어
많은 이야기를 들려주기도 한다

길이 아니거든
가지를 마라
길이 아니라 하면
묻지도
나서지도 마라 하면서도

길이 질어서
길이 얼어붙고 너무 멀어서
비바람에
길이 무너져
오늘은
갈 길이 보이지 않는다고 소리한다

길을 찾아
한 행인(行人)이 문을 나섰다
그게 너의 길이고
이게 나의 길이라 몇 번이고 되뇌이니
길들이
그냥 종적(蹤迹) 없이 길거리에 흩어지고 만다

그래서인가
세상의 길은
오늘도
가물가물
환호하는 무리 속으로
꼬리를 길게 감추고 있나 보다

5-03 꿈

우리는
종종 꿈을 꾸다가
그 꿈을 못 잊어
두 눈 가득 하늘을 담아보기도 한다

그 꿈을
때때로
깨알같이 일기장(日記帳)에 적어가며
현실을 꿈에 돌리고
자라서는 그 꿈에 업혀나가기도 하면서
어느새
꿈꾸는 아이를 또 부러워한다

어제는
책가방에 송화(松花)가루 하나 가득
어린 날 그 찻길을 따라 나섰다
부르트는 물집 속에
갈수록 길은 자꾸만 멀어져 가
차창(車窓) 밖으로 심장 한쪽을 끌어냈다

갈기갈기 아파하는 울음에
새벽하늘 면동은 어느새
그만
신기루(蜃氣樓)처럼 꿈을 끌고 지나갔다

아이야,
그래도 너는
꿈을 품고 잠잘거나
네 꿈을 안고 새벽길을 떠날 거냐

5-04 옷이 날개

초롱초롱
눈빛이 살아있고
생각이 번뜩여도
그 엉성한 철 지난 옷으로는
이 세상 맞는 자리 없을 걸

오늘
너의 그 하얀 옷맵시에
이 땅의 온 생명(生命)들이 두 손을 세웠다
호호 언 손을 불어가며
그것은
또 다른 삶, 아니 살아가는
우리네 빛을 그리는 마음일레라
거울에 안겨 그림을 그리고
노래하는,
그런 태고(太古)의 심장소리

둥기둥기
네 동산에 풀들이 새옷으로 돋아나면

그것은
세상을 입히는 그런
또 다른 옷일레라

정녕
생(生)을, 삶을 좇는 빛일 게라

5-05 다시 그리움에

이제는
영영 보낸 듯이
문을 닫고 등불이나 밝혀야지
하면서도
문 밖 가랑잎 발걸음 다독이는 소리에
그만
가슴을 또 두드린다

그렇듯
산 너머 달그림자가
그날의 별빛들에 둘러싸여
왕왕 울리고 있다
내내 창밖에서 떨고 있다

새벽달이
반쪽이 되어 창가에 와 되묻는다

정말
우리는 가늠 수 없는

먼 인연(人緣)의 실타래인가?

5-06 바람은 아프다

팔월보름
바람이
햇살 뜨겁다 하며
인왕산을 지나 남산 골짜기로 올라선다
햇볕이
구름 둥둥 산등성이 저 너머로
바람을 쫓아 와
산산조각
저 구름을 부수고야 말겠다며
남산 팔각정(八角亭)을 오른다

별안간
뒤따라 올라 온 신문(新聞)들이
조각조각
팔각정(八角亭) 기둥에다
여기저기 활자(活字)를 박아 놓고 내려간다

바람에
신문(新聞)이 날아간다, 흩어진다

차라리
저 혼탁(混濁)해진 길거리 풍물에다
메마른 기사(記事) 하나 덧붙일 거냐

바람이
남산(南山) 소나무 가지 사이사이로
햇살을 흘리며 지나간다

천둥이다
마른 하늘에 구름 한껏 바람을 부풀린다

5-07 콩과 콩깍지

빗줄기가
북녘 산기슭을 감싸듯 내린다
강(江)이 되어
남녘 들판을 가로지른다
젖이 되고
꿀이 되어
이윽고 온 산하(山河)가 시끌시끌하다
가을이 오자
조조(曹操)의 아들 조비(曹丕)가
조조(曹操)의 아들 조식(曹植)에게
콩을 수확하며 콩과 콩깍지를 읊게 하였다
백두산(白頭山) 천지(天池)가
한라산(漢拏山) 백록담(白鹿潭)에게
백두대간(白頭大幹)을 그려봐라 이른다

저기가
지척인데
대양(大洋)으로 빙빙 돌아가라
비단길을 깔거냐 무궁화꽃 한송이 다가와 묻는다

이파리 하나
줄기를 따라 올라가다
꽃망울을 피운다, 콩이다

네 고향은
네 뿌리는 어디메에 있느냐

너는 어디서 왔다 가느냐

5-08 골목길에도 눈은 내린다

눈이 내린다
사르르
사르르
북악산 청기와집 뜨락에도
별빛맞이 아이들 골목길에도

눈이 내린다
눈이 사라진다
한길에서는 차곡차곡
골목길에서는 살곰살곰

함께 가는 길에
어떤 사람은
눈이 온다고 소리치며 두 팔 벌려 눈을 맞지만
쌀 한 톨이 아쉬운 사람은
내일은 또 다른 겨울이라
눈 덮인 산자락 고갯길이 생생하다

눈이 내리면

하얀 눈이 소복이 쌓이면은
골목길 틈새로 아이들은 눈을 굴리고
어른들은 눈물을 훔치며 눈 위를 날아간다
모두들
종종 걸음으로 하늘을 안으려 한다

이른 새벽
골목길을 나와
별빛 총총한 하늘을 올려보다
벌러덩,
골목길 눈발에 걸려 넘어졌다

어제는 그만

5-09 비 오는 날, 술맛 나는 날

다시 또
하늘은
눈앞조차 보이지 않는다며
공사판 흙막이 틈새로 비를 쏟아 붓는다

빗소리에
온몸이 발광(發光)하니
너스레 너울대는 주막(酒幕)으로 가볼거나
파김치에 술을 따라
둥둥 깃발이나 올리자구

저기 저
아주머니
비바람에 깃발이 찢어진다고
그렇게 가랑이를 퍼질러 앉아 있지 마세요
이렇듯
모두 공치는 날엔
자꾸만
술맛이

매상(賣上)이 오르잖아요

찌그러진 주전자래도
가득가득 담아나 주라구요

바깥에서는
막창 꼬챙이처럼 새까만 이들이
어느새
저마다 해어진 장화를 꺼내 신고
청태(靑苔) 자욱한 하수구 속으로
걸쭉한
태고(太古)적 흙탕물을
울컥울컥
밀어 넣고 있었다 '

5-10 조막거울

1

그에게는
이따금 조막거울에
햇빛을 모아 열린 세상을 비춰보는 버릇이 있었다
그래서일까
늘 그의 주머니 속에는 조막거울 하나 들어있다

2

방송파(放送波) 왕국의 열린 마당에
시간(時間)이 당도하자
너나없이
늦은 이들까지 황망(慌忙)히 들어선다
열린 시간(時間)이야
어차피 누구에게나 머물다 갈 터인데
마당일이 무어 그리 대수일런가
저마다
조막거울 하나씩 꺼내어 비춰본다

마당극 왕국(王國)이라,
정해준 과녁이야 어찌 모르겠느냐마는
빗나간다 하여도 할 수 없지
거울이야
있는 빛이나 모아주면 될 터이니

어디선가
모을 빛이 사그라져
거울을 어찌해야 좋으냐고 눈물을 글썽이자
겨눌 게 없으면
그냥 나와 구경꾼이라도 되어보라고
참으로
매끄럽게 시간(時間)을 붙여준다

조막거울의
낮은 두근거림이
햇살 가득 콧등을 붉게 비춘다
허나,
거울에 비치는 건

아무래도 낯선 마당 풍경(風景)이다
조막만한 게
정말
바짝 마른 얼굴뿐이다

3

그의 책상 위에는
어린 날 고향집
그 적막 가득한 초가지붕 위 박꽃처럼
오래도록
조막거울 하나 하얗게 빛나고 있었다

5-11 구르는 돌이 박힌 돌을 빼내다
- 함지박 좌판 시장통에서

햇살 가득
하늘을 이고 있는 그곳 시장통(市場通) 함지박 좌판들은
그 올망졸망한 틈새로 거센 바람의 발길에
이리 받치고 저리 받치다가도 때론 맑은 웃음을 보여주
곤 했다

헌데
그들이 처음부터 이리된 건 아닐 게다
먼저 있던 함지박이나 그 사이를 비집는 함지박이나
이게 어디서 가로막고 있는 거야, 건방지게
이게 어디를 비집는 거야 겁도 없이, 급기야는
서로 삿대질에 죽이고야 말겠다며 고래고래 악을 쓰다가
때로는 멱살까지 잡아끌며 맨땅에 서로 나뒹굴기도 했다 한다

길을 가다보면
갑자기 목이 좁아지는 곳에서는 때때로
뒤따라 지나가려는 사람이나 이미 먼저 들어와 있던 사
람이나
처음에는 마냥

웃음을 보이지만 이내 힐끔힐끔 돌아보며 은근히 안달해 하기 마련일 게라
그게 목 좋은 시장(市場)으로 통하는 길이 짙은 안개에 휩싸이는 날에는
자칫 피 터지게 충돌할지도 몰라 더더욱 서로를 바짝 경계하고

박힌 돌이야 빠질 때에는 참으로 황당하겠지
어디에 다시 박아야 하는 것도 골머리를 앓게 하는 일이겠지만
뭇사람들이 그 벌거벗겨진 맨살덩이 아랫도리를 손가락질할 때는 어떠하고
그러니 필사적으로 멱살을 잡고서라도 버티는 수밖에
때로는 그게 참 구차스럽고도 서글프게 보일지도 모르나,
그 시장판만 벗어나면
이 얼마나 싸하게도 후련한 일인가
시장판이란 그저 그렇게 뽑히기도, 박히기도 하면서 엮이어 가는 게야
이게 바로 시장(市場)이란 이름이 갖고 있는 특권이고 까

닭임을
   더러 막무가내로 주저앉아 그냥 울부짖기도 하는 거란다
   이곳 함지박 시장통(市場通)에서는, 특히

   허나, 요즈음 그 시장통(市場通)에서는 어찌 된 일인지
   펑퍼짐한 함지박의 쉰 목소리만 띄엄띄엄 들리더라
   곧 거대한 사이버경기가
   폭풍처럼 그곳 바닥을 깡그리 덮칠지도 모를 거라는 소문인데

   정말이지
   함지박 좌판에도 햇살 가득히 쏟아져 든다면,
   춘삼월 봇도랑에 물이 콸콸 흘러들 듯이
   비록 물길에 서로 받히고 빼고 뽑히며 악쓰는 일이 있다 하더라도

5-12 아침

차라리 그날은 태어나지나 말 걸
온 산사(山寺)가 초롱불 밝히는 제단(祭壇)엔
세상(世上)의 온갖 무리가 아우성이다

한반도(韓半島) 깊숙이 둘러앉은 마을
야윈 제물(祭物)에 동네 노인은
히죽히죽 웃기만 하고
들려오는 건
나를 찾는 개소리인가
나를 쫓는 개소리인가

어제는 누구고 잃어버릴 날들
모든 걸 웃음 태워 돌아나 갈까

비로소 긴 어둠을 접고
이슬 촉촉 맺히는 마루에 올라서면
어디선가 이것은
깊은 산사(山寺)의 새벽 종(鐘)소리
아련한

겨울 풍경(風磬)소리

이윽고
까만 눈동자엔 아침햇살이 떠오르고
이끼 낀 두 볼엔 반짝이는 물결

5-13 꽈배기, 세상을 살피다

마을 버스정류소 앞
스레트지붕 가게 진열대 속 꽈배기가
바짝 마른 문틈으로 바깥세상을 살피고 있다
얼마나
오랜 시간이 흘렀을까
한길 바람에 유리문 떨리는 소리가 다급하게 울리고,

삐죽이 열린 고창(高窓)
조그마한 개미들이 새까맣게
빛바랜 틈새를 비집고 들어오려 아우성인
가게 한 편 구석에서는
열렬한 텔레비전 신봉자(信奉者) 하나가
뭉턱하게 닳은 손가락으로
누런 꽈배기 닮은 혓바닥 가시를
열심히 발라내다 말고
불쑥,
한 마디 내뱉는다

시발 것

저 개 코같은 놈들이

하늘의 해는
날이 갈수록 얼마나 길고 줄어들어야 하는 줄
진열대 속 꽈배기야 알 수가 없지
눈을 끔벅이며
바람 때 까맣게 절은 노트를 들었다 놓았다
연거푸
유리창 너머 길손들의 흔적을 옮겨 적는다
때마침
놀러 나온 동네 개구쟁이들이 헛간으로 달려가
갓 낳은 강아지 새끼들을 하나하나 툭툭 꼽아보며
큰 소리로 깔깔거린다

어,
이 천둥벌거숭이 쪼그마한 것들이

초승달이 서산에 걸려 머뭇거리고 있을 때쯤이면
고향 씨름판에서도

소주병들이
고무신짝을 을러메고 날아와
모래판이 난장판이 된 적이 더러 있었다고
바람이 흐리멍덩하게 흘리며 지나간다

이것들이
개 코같은 새끼들이

덕수궁(德壽宮) 돌담길
취객의 오줌발에 퉁퉁 불은 라면발이
꽈배기꽃으로 피어나 새까맣게 개미떼를 으르고 있다
마침
꽈배기 공장 옆 극장에서는
검은 망또를 둘러 입은 마술사(魔術師)가
예의 그
연보라색 비둘기를 지팡이 끝에 날리고
붉게 마른 장미꽃을 흔들며
모두들 기립하여 박수치게 한다

손뼉소리,
환호소리 들린다

어라, 저 마술사(魔術師) 보게
정말 더럽게도 잘하네

진열대 속 꽈배기 통을
바람이
환청(幻聽)인양 웅얼거리며 지나가고 있었다

5-14 이름을 불러주세요

그냥,
누구라고 이름을 불러주세요
이 한순간만이라도

이메일(e-mail)을 보내거나
전화, 카톡(Ka-Talk)을 할 때에도
그저
누구냐고 묻지만 말고

저기 저 지하철 역사(驛舍)
사람들이
뭇사람들 속으로 망연(茫然)히 빨려 들어가고 있어요
이름들이
지하에서 보글보글 끓고 있어요

이름도 없이
저들이 차를 두고 그냥 가버렸어요
차들이 까맣게 흙빛이 되었어요
누구냐고

이름 하나 붙여줄 수 없나요
그저 지인(知人)이라 해도 좋으니

기꺼이 한 마음으로
큰소리로
저들이 이름 부르게 해주세요!

5-15 하얀 여우꼬리가 보고 싶습니다

먼 옛날
마을 목장(牧場) 뒷산 등성이에
깨어진 묘비(墓碑)를 안고
여우 한 마리 하얀 꼬리를 키우며 살고 있었습니다

그 여우가
꼬리를 흔들며
마을로 내려오는 날이면
사람들은
백짓장이 되어
장지문 뒤에 꼭꼭 숨었습니다
하얀 꼬리에 사람 그림자가 안 보인다며,
그래도 여우는
오뉴월 삼복(三伏)날
우리네 누렁이가 그러했듯
골목골목 꼬리치며 사람을 찾아다니곤 했습니다만
그러나 여우는 끝내
땅을 치기도
하늘 향해 소리치다

깨어진 묘비(墓碑)가 있는
풀만 무성한 목장(牧場) 뒷산으로 돌아갔습니다

어디선가
한 줄기 바람이
가맣게 몰려와 고향집 빨랫줄을 흔듭니다
여우 꼬리가
하나 둘
하얀 빨래를 잘라 먹습니다

빛바랜 들창문을 열고
오늘 문득
깨어진 묘비(墓碑)가 있던
그 뒷산 등성이를 한참 바라보고 싶어집니다

권기득 시인의 작품 세계

풀 벤 날의 금모래빛 향기
- 삶과 존재의 자연스러운 부산물로서의 시

이철호(문학평론가, 소설가)

　살랑이는 바람에 살이 베이면 풀 벤 날처럼 싱그런 풀향이 가득 배어들까. 조그마한 수런거림에도 주렁주렁 괴로움이 죽음처럼 매달리는 날이면, 세상의 무정함으로 와해되는 생명을 홀로 사랑하는 일은 또 어이하리.
　죽어가는 것을 사랑하는 일은 천형이다. 아무도 돌아보지 않는 사랑이거나 그리움이거나 꿈이거나 그것이 죽어가는 것들에 대한 이야기이고 보면 그는 고독한 섬으로 존재할 수밖에 없다. 아니 고독한 섬이기 때문에 그는 죽어가는 것을 사랑할 수 있는지도 모른다.
　섬이 아니고서야 너에게서 불어오는 바람이 어찌 내 옷깃을 흔들지 않으랴. 세상의 바람은 죽어가는 것에 마음을 둘 여력이 없다. 고독한 섬이기에 '생명'에 대한 간절함이 그의 내부에서 바람으로 일어나 세상의 연약하고 아픈 것들, 소외되고 고통받는 것들을 마음에 심는다. 그리하여 새 순이 나기를, 새순이 나서 가지를 뻗고, 잎들이 햇빛을 풍성히 받아 '온전한 모습', 진정한 모습으로 피어나기를 염원하는 것이다.

이렇듯 '죽어가는 것들을 사랑하는 일'이 권기득 시인의 시이다. '…잎새에 이는 바람에도/ 나는 괴로워했다/ 별을 노래하는 마음으로/ 모든 죽어가는 것을 사랑해야지…' 라고 했던 윤동주 시인의 〈서시〉가 시인의 시에 이르러서는 泫泫하게 顯現하다.

먼저 눈에 띄는 시는 우리말의 아름다움이 결결이 살아 아늑한 그리움으로 시의 한가운데 서게 하는 〈그렇고 그런 산마을 이야기〉이다. '뒷간에 꽃뱀이 들어오다'라는 부제가 붙어 있다. 한편의 시에서 풍부한 서정으로 독자의 상상이 푸른 초원 위를 뛰어다니게 한다.

아득한 일처럼 느껴지지만 사실 그렇고 그런 우리들의 이야기로, 삐거덕거리는 다리 위에 불안한 좌정을 했다가 때로 똥통에 빠지기도 했었다. 통통하게 살이 오른 구더기가 꼬물꼬물 잘도 기어다니고 뒷간문은 풀린 치맛끈처럼 허술하였던 때이다.

'싸리울 윗동머리에/ 솔가지로 칭칭 덧대어/ 듬성듬성 하늘 보게 하였더라'

모쪼록 시란 이런 것이어야 하는가. 시어 몇 마디로 그렇고 그랬던 뒷간의 모습이 훤히 그려진다.

'앉아도 서 있는 것만 같고/ 서 있어도 앉은 듯하여/ 볼세라 얼른/ 치마끈을 여미나'

얼마나 무방비했던가. 어쩌면 당사자야 곤혹스러운 일이겠지만 못 보는 척 울 넘어 훔쳐보는 독자는 '붉은 꽃대가리 초록 꼬랑지를 흔'드는 것이다. 하지만 다음 순간 허를 찔리고 만다. '여기가 어디/ 문은 없어도 있는 것이거늘'

푸른 초원을 내달리던 상상은 멈칫거린다. 꽃뱀에서 우리 자신에게로, 삶으로 순간적인 회귀가 일어난다. '문은 없어도 있는 것이거늘' 문이 없다며 함부로 들어섰던 수많은 무례함과 오만으로 결국, '청솔가지 짙은 연기에 파묻'혔던 날들이 떠오르지 않는가. 주저 없이 뻗어가는 시의 외화가 대단하다. 친근하면서도 순수함 속에 웃음까지 더해진다.

…
볼세라 얼른/ 치마끈을 여미나/ 이를 어쩌랴, 색시야
돌아앉았다 하더라도/ 그냥/ 안 보이는 듯 있어만 다오

그지/ 꽃뱀이 혀를 날름거렸다/
스르르 움찔/ 붉은 꽃대가리 초록 꼬랑지 흔들며
기웃기웃/ 여기가 어디/ 문은 없어도 있는 것이거늘
미끄러지는 꼬랑지
가맣게 깊은 쪽빛 하늘, 서들 돌무더기 틈새
…
-〈그렇고 그런 산마을 이야기〉

  특별히 권기득 시인의 시는 구성의 묘가 독특하다. 한 편의 시에서 주제가 있는 그림을 이야기로 들려주고 있다. 그것은 영감에 의한 한순간의 이미지를 건축가가 설계하듯 기초를 다지고 집을 짓는 충분하고 깊은 숙성의 시간을 거친다는 의미이다. 그리하여 집은 유연하게 흘러간다. 21세기 '움직이는 집'처럼 말이다. 즉 시인의 시는 어디론가를 향한 열린 방향성을 갖고 있어 독자의 가슴으로 날아오거나 흘러오는 것처럼 느끼게 한다.
  시 〈바람난 빨래〉를 살펴보자. 어디에도 구속되기를 원치 않는 화자의 자유분방함이 이상과 현실의 간격에서 배회한다기보다 힘차게 날아다니고 있다. 시인 특유의 위트

는 독자의 마음을 널브러지게 하는 것이 아니라 팽팽한 긴장감으로 오히려 시에 집중하게 한다. 이는 유머이거나 위트가 매개되는 요소 때문이 아닐까 한다.

〈바람난 빨래〉에서, 빨래줄에 걸려있어야 할 빨래가 '연줄을 풀고' 자유롭게 바람을 타고 유영해 다닌다.

'뚝뚝/ 눈물 흘리면서/ 조금씩 풀기를 세워가는'라는 표현을 주목해보자. 요즘이야 세탁기에서 탈수된 빨래가 베란다에 널리거나 아예 건조기에서 잘 말려져 나온다. 하지만 손으로 짠 빨래를 처음 빨래줄에 널었을 때 뚝뚝 물이 떨어지는 광경을 생각해 보라. 뚝뚝 눈물을 흘리면서 완성을 향해 나아가고 있다. 조금만 지나면 빨래는 말라서 곱게 개켜질 것이다. '햇볕에/ 몸을 뒤척인다/ 젖내음에 옷고름이 팽팽하다' 말라가며 햇볕 구슬린 고소함이 가득하다. 곧 고운 처자에게 입혀질 옷은 그 상상만으로 기쁨으로 펄럭거린다. '젖내음에 옷고름이 팽팽하다'에 이르러서는 긴장한 독자는 호흡을 멈춘다. 곧이어 사람들은 동경의 바다로 항해한다. '사람들이/ 바람을 따라 옷고름 바다 속을 파고' 드는 것이다.

…

햇볕에/ 몸을 뒤척인다/

젖내음에 옷고름이 팽팽하다

사람들이
바람을 따라 옷고름 바다 속을 파고든다
저마다 하얀 풍랑(風浪)을 잠재운다며 연줄을 풀고,
…
-〈바람난 빨래〉

　이렇듯 변화무쌍한 심상으로 독자를 내달리게 하는 것이 〈바람난 빨래〉라면 생텍쥐베리의 '어린 왕자'의 정서가 강하게 느껴지는 작품은 〈문을 나서며〉〈그림 하나 보여주세요〉이다. 2023년 대한민국의 서울에 어린 왕자가 살고 있다면 어린 왕자는 자신의 소행성이 얼마나 그리울까. 화자는 생경하게 절망을 내뱉지 않는다. 소박하기 그지없는 화자의 바램은 '푸른 산하 속 점점 마을'이 있기를, 고운 빛깔이 아름답기를 바랄 뿐이다.
　왜 어린 왕자가 사람들에게 영원성으로 와 닿는 것일까. 거짓과 불의가 난무하는 이 땅의 삶이 어쩌면 진짜가 아닐 수도 있다는 잠재된 생각 때문은 아닐까.
　〈문을 나서며〉는 새로운 시작을, 더 큰 세계로의 도전을 시작하는, 혹은 시작하려는 이의 복합적인 마음이 놀랄만큼 아름다운 시어로 표현되어 있다.

그 언젠가 길을 나서며 행복했던 시간, 푸른 하늘과 구름이 둥둥 떠 있어서, 바쁜 와중에도 함께 하는 이웃이 있어 좋았다. 하지만 다시 방문을 닫고 길을 나서려는 즈음, 화자는 '아이'에게 묻고 있다. 아이는 곧 화자 자신이기도 할 터이지만 어린 화자일 수도 있고, 가장 진실한 자아를 표상하는 것일 수도 있겠다.

아이야,/이제 내방의 문을 닫아야 할까 보다

처음 길을 나설 때에는/ 푸른 하늘, 구름 둥둥/
하루가 숨 돌릴 틈이 없어도/
같이하는 그들, 이웃이 있어 좋았었지
…
-〈문을 나서며〉

푸른 은하수에/ 조그마한 별들의 아우성이/ 송골송골 떨어지고/ 여름이 가고/ 겨울이 와도/ 사립문 열린 뜨락에/ 닭들이 모이 쫓다 멈칫거리는

시 〈그림 하나 보여주세요〉의 그림 한 장이다. '빌딩숲 운해에 떠밀려/ 담배 한 대 빼어 문' 사람이 그런 그림을 보길 원한다. 푸른 은하수에 조그마한 별들의 아우성이 송골송골 떨어지고 여름이 가고 겨울이 오는 참으로 장대한

스케일에 세미한 묘사력은 시공을 넘나들고 있다. 여름과 겨울이 은하수에서 사립문 열린 뜨락에 이르는 길로 매개됨으로 엉뚱해 보이는 두 세계는 조화롭다.

'꿈꾸는 아이들은/ 동화 속 여우와도 함께/ 파란 눈사람을 만들어 놓곤/ 잠이 듭니다./ 내일은 어린 왕자를 만날까/ 두 손 가득 눈물 반짝이며,'(〈꿈꾸는 아이가 그립습니다〉) 시인이 만들어내는 언어의 아름다움은 어디까지일까. 금모래빛 같은 언어들이 라면과 소주와 찢어진 신문과도 같은 우리 영혼 안으로 들어오면 우리의 눈이 맑고 깨끗해져 한번도 본적 없는 순수를 향한 새로운 인식에 눈이 뜨일 것 같다. 그리하면 우리 마음에 '사르르/사르르 …한길에서는 차곡차곡/ 골목길에서는 살곰살곰…'(〈골목길에도 눈은 내린다〉) 눈이 내릴까. 그리하여 어린 왕자의 파란 눈사람을 만날 것 같다.

꿈꾸는 아이들은
동화 속 여우와도 함께
파란 눈사람을 만들어 놓곤
잠이 듭니다
…
삼년고개 마루턱에서
한 번 더 구르며 꿈을 더하던 그

마을 뒷산 허리를 밟고
고속도로(高速道路)가 내달은 산등성이를 따라
긴 꼬리 여우도 떠났습니다
노루, 토끼들이 남긴 하얀 쪽지를 보고
…

그때 그
파란 눈사람 하나 보이질 않습니다
- 〈꿈꾸는 아이가 그립습니다〉

〈정신과 병동〉에 이르러서는 '꿈꾸는 아이'가 아니라면 읽어 낼 수 없는 심상으로 처절한 고통을 절제된 감정 안에서 심오하고 아름다운 언어로 형상화하고 있다.

사람들은 저마다의 어둠이 있다. 다만 경중의 차이가 있을 뿐이다. 어떤 이유에서, 그 어둠이 깊어지고 넓어져 마치 늪같이 헤어나오지 못하는 경우가 있다.

'저마다의 빛깔로 웅크린 병상에서/ 바람이/ 하얀 그림자로 와 사람의 동네를 물어본다'

사람에 대한 세심하고 깊은 애정이 아니라면 이러한 시적 형상화가 가능할까.

'사람의 동네'로 표현되는 그곳에는 폭풍우가 치고 있을지도 모른다. 피할 처마도 없이 고스란히 거친 바람과 비를 홀로 맞고 있을 그는 얼마나 힘들고 외로울까. 처절하지만 홀로 감내할 수밖에 없는 동네이다.

지금, 여기라는 세상의 공간과 시간 밖으로 자꾸만 그를 떼밀고 있는 것은 '파도소리'와 '풍선 부딪치는 소리'이다. 파도소리는 풍선을 부르고 풍선소리는 파도를 부르는 사슬은 좀체 끊어내기 어렵다. 깊은 절망들이 사금파리로 부서져 내린다.

사람들은/ 이따금/ 서로 다른 아픔에 울음을 앓기도 한다
이 병동(病棟)에 들어오면은

어둠이/ 저마다의 빛깔로 웅크린 병상(病床)에서/
바람이/ 하얀 그림자로 와 사람의 동네를 물어본다

히히히/ 저-기요/저 언덕에서 자꾸만 파도소리가/
풍선(風扇) 부딪치는 소리가 들려요
…
-〈정신과 병동〉

이렇게 섬세한 영혼의 지평을 펼쳐내는 시인만이 가능한 표현이 있다. 다양한 감정과 정서들은 그것을 확증하거나 집어낼 언어적 한계를 극복하지 못하고 얼추 비슷하게 뭉뚱그려지기 쉽다.

'그리운 이 슬픔'이라는 낯설지 않은 언어들이 만들어내

는 조합이 처음에는 의아하다. 슬픔이 그리울 수 있을까. 찬찬히 그의 시를 읽다 보면 경이로움에 빠져든다. 휴전선 철조망을 흐르는 슬픔 같은 것은 명백하다. 하지만 소리를 내지도 못하고 말라버리는 그리움도 있다. 선명하게 모습을 드러내지 않지만 안온감을 주는 익숙한 어떤 슬픔은 그리움으로 아득히 다가오기도 하는 것이다. 언어의 리듬감이 '그리운 이 슬픔'을 가슴에 여울지게 한다. 특별히 시 〈그리운 이 슬픔〉의 3연의 리듬감은 깊은 여운으로 시의 아름다움을 한층 생기있게 한다.

…
그냥/ 슬픔일거라면
기다림 속에 묻혀 사는 울음이라 하겠거니,
산 너머 멀어지는 가을날 저녁노을처럼
개울 따라/ 올라오는 빈 그림자
잡을 수 없이 그리운 이 슬픔
−〈그리운 이 슬픔〉

한(恨)은 한국인에게 익숙한, 보편적인 정서로 이해되고 있다. 그렇다면 '그리운 이 슬픔'을 한(恨)에 접목해 보면 어떨까. 〈공무도하가〉는 강을 건너는 님을 향한 애끓는 사모의 정이 나타나 있지만 결국 돌이킬 수 없었던 안타까움을 드러내고 있다. 만약 화자가 정작 강을 건너던 '님'이라면 어떨까. 만약 김소월이 21세기 〈공무도하가〉의 강을 건너던 '님'이라면 어떤 시를 썼을까.

여보, 오해하질 말으오
서리 내린 갈 벌은 햇살에 안겨
강 건너 종소리에 기도드릴테니오
...
먼 봄날이 선창(船艙)에 와 밀리고
뚝 떨어져 나간 해원(海原)의 돛배는
고향으로 당신이 지나는 길이 보고파 하오

사랑이 까무러진 들녘엔
갈대꽃 성성이며 상여(喪輿)에 줄놓오

보아, 저 달려가는 소원(所願)의 행렬(行列)들이
놀 휩싸는 재 넘어 날아가예
꺾어 오려마
들국화 한 잎 없는 화병(花甁)은
소복 입고 나들이 간다오
...
-〈팔려가는 날〉

무슨 이유로 화자는 강을 건너야 하는지 독자로서는 알

수 없다. 어떤 類의 죽음의 강을 건너며 화자가 그려내는 고요롭고 슬픈, 그리움을 보라. 화자는 어쩌면 평화롭고 아름답기까지 한 일상을 잠잠히 그려가고 있다. 그러나 어쩔 수 없이 배어나는 슬픔은 은근하고 깊다.

서리 내린 갈 벌은 햇살에 안겨, 먼 봄날이 선창(船艙)에 와 밀리고, 사랑이 까무러진 들녘엔… 구절구절이 명화가 되어 가슴에 걸리고 걸려 결국 한편의 신공무도하가가 된다.

이토록 섬세하게 우리 마음의 정서를 읽어내는 시인에게 있어 '여우'의 의미는 무엇일까. 우리 한국민에게 여우란 특별한 정감으로 다가온다. 구미호, 백년 묵은 여우 등 친근하면서도 두려운, 온갖 전설을 안고 있는 존재이다.

먼저 떠오르는 것은 사람이 되고 싶은 백년 묵은 여우이다. 즉 '여우'란 '사람이 되고 싶었지만 되지 못한'이라는 꼬리표가 있다. 사람으로 특별히 여자로 둔갑한 여우는 꼬리를 감출 수 없어 때로 정체가 탄로나기도 하였던 것이다.

권기득 시인의 '여우'에 관한 시 〈여우야, 여우야〉 〈구십구년(99년) 묵은 여우〉 〈하얀 여우꼬리가 보고 싶습니다〉는 어떨까.

〈여우야, 여우야〉는 우리 동요를 활용해 위트와 속도감을 강조하고 있다. 한편의 광고나 재미있는 뉴스를 보는 듯하다. 전설 속 여우가 광복절, 대한민국 한복판 시청 광장에 나타나 깃발을 꽂는다. 전설과 현실과 역사가 하나의 소용돌이를 만들고 있다. 동요는 시의 문을 열고 닫으며 재미와 폭소를 주는 요소이다. 구성의 묘가 뛰어난 작품이면서 시인이 이 시를 통해 말하고자 하는 바가 무엇일까 꼼꼼 생각에 잠기게 한다.

여우야,/여우야, 뭐 하니//
광복절(光復節) 오후/ 남산(南山) 돌계단을 따라
북악산(北岳山)이/
여우 그림자를 안고 올라오고 있었습니다
…
멀티비전에 환호하는 구경꾼 틈새를 비집고
분수대(噴水臺) 중심에 깃발을 꽂았습니다
…
여우야,/ 여우야, 뭐 하러 왔니//
나! / 너, 너 잡으러 왔다!
-〈여우야, 여우야〉

 여우에 관한 다른 시 〈구십구년 묵은 여우〉의 제목이 왜 백년 묵은 여우가 아닐까. 사람에의 소망에 이르기에는 채워져야 할 뭣인가가 남았음을 상징하고 있는 것일까. 분명 여우는 화자와 밀접한 관련을 가지며 함께 살아가는 존재이다. 어쨌든, 동음어 '말꼬리' '여우꼬리' '눈꼬리' '여우비'를 사용하여 시의 풍미를 더하고 있다.

여우가/ 처음 이 세상에 내려오던 날
사무실은/ 황사(黃砂) 바람에/ 몹시도
창문이 흔들렸습니다

길을 가다/ 자칫/ 말꼬리가 발에 걸리는 날이면
여우꼬리는 눈꼬리 되어 도리질하였고
...
〈구십구년(99년) 묵은 여우〉

〈하얀 여우꼬리가 보고 싶습니다〉는 하얀 꼬리를 키우며 살고 있는 여우 한 마리, 그의 정체성은 무엇일까. 혹 자신이 사람이라고 생각하는 것은, 아니면 사람인 자신을 여우라고 믿고 있는 것은 아닐까. '하얀 꼬리에 사람 그림자 안 보인다며' 여우를 두려워하는 사람이나 골목골목 꼬리치며 사람을 찾아다니는 여우에서, 닿을 수 없는 간극의 고통이 느껴진다. 하지만 보편적 상징성과 시인이 가지는 내밀한 상징성으로 시는 신비로운 색채로 하나의 세계를 창조하고 있다.

…
그 여우가/ 꼬리를 흔들며/ 마을로 내려오는 날이면
사람들은/ 백짓장이 되어/ 장지문 뒤에 꼭꼭 숨었습니다
하얀 꼬리에 사람 그림자가 안 보인다며,
그래도 여우는/ 오뉴월 삼복(三伏)날
우리네 누렁이가 그러했듯
골목골목 꼬리치며 사람을 찾아다니곤 했습니다만
그러나 여우는 끝내/ 땅을 치기도/ 하늘 향해 소리치다
…
-〈하얀 여우꼬리가 보고 싶습니다〉

 죽어가는 것을 사랑하는 일은 의에 주리고 목이 마른 일인지도 모른다. 〈신발, 신기생충뎐〉〈구르는 돌이 박힌 돌을 빼낸다〉〈남산, 송충이의 변명〉〈이 땅의 머슴들〉 등에는 정의와 공의에 대한 목마름, 사람의 무정함에 대한 아픔이 풍자와 상징으로 전혀 다른 격을 만들어내고 있다.

한/ 인간이/ 그걸 보고는/ 닳아 무드러진 개코같은/ 구둣발로
찍 밟고 지나갔다.
  -〈푼수〉 중에서

 권기득 시인의 광대한 시선은 현실과 일상을 놓치지 않

으면서 맑고 깨끗한 인식의 지평을 넓히고 있다. 생경하지 않은 깊고 그윽한 언어의 가락으로 독자를 드높은 곳으로 날아가게 하여 종횡무진한 그의 상상력으로 세상을 바라보게 한다.

　삶을 살아가는 영혼의 자연스러운 부산물로, 존재를 앓는 아픔이 오랜 인류의 본원적 상징성으로 그의 시는 결코 가볍지 않은 무게로 다가오지만 시인 특유의 풍자와 위트, 섬세한 언어가 시를 맑고 투명하게 빛나게 한다. 즉 권기득 시인의 시는 '존재와 삶의 결정체'로서 수정같이 빛난다라는 표현이 오히려 부족하게 느껴진다.

　시인은 어떤 사람들일까. 시를 쓰는 사람을 시인이라 일컫는가. 세상은 그렇게 시인을 정의할는지도 모른다. 하지만 권기득 시인에게 이르러서는 천형이 시를 쓰게 하였다면 지나친 말일까. 권기득이라는 한 사람의 존재 양식으로서 시는 자연스러운 삶의 부산물처럼 느껴진다. 이 땅을 살아가면서 먹고 마시며 생존하는 모든 시간을 거쳐 자연스럽게 생겨나는 배설물과 같은 것으로 그의 시가 이해되는 것이다. 그저 버려지는 류의 것이 아니라 가장 고귀한 결정체로서 말이다. 마치 진주처럼.